여자들은 다른 장소를 살아간다

페미니즘프레임
장소

여자들은 다른 장소를 살아간다

류은숙 지음

차례

부엌

"부엌 귀신이 붙었냐?"

"부엌데기 신세, 어디 가겠니?"

또래 친구들 모임이 무르익을라치면, 하나둘씩 김빼는 소리가 나온다. 밥때가 된 것이다. 밥하러 또는 밥 차려 주러 자리를 털고 일어나야 하는 신세타령이 헤어짐의 인사를 대신한다.

"신체의 자유가 없다니까, 신체의 자유가!"

이건 소위 '(사회)운동' 물 먹은 친구의 표현이다.

또래의 나이테가 굵어지면서 밥때는 춤을 춘다. 더 조여들기도 하고 느슨해지기도 한다. 밥을 대령해야 할 사람의 변화에 따라 밥때도 달라지기 때문이다. 기혼·이혼·비혼, 노부모와 자녀의 성장 등 가족 구성의 차이가 밥때를 가른다. 여기엔 시간의 기준점인 그리니치 천문대 같은 건 없다. 그래도 시간은 정확히 맞춰진다. '그분들'이 밥을 먹어야 할 때에 맞춰서 말이다. 밥 차리는 이의 처지와 형편은 다양하다. 가사 도우미를 일찌감치 '거느린' 이가 있기도 하다. 하지만 때맞춰 '밥상'의 '얼굴' 역할을 하긴 해야 한다. 전적으로 맡길 어머니가 있거나 독박 노동이거나, 살림 솜씨를 뽐내고 즐기거나, 살림이란 말을 끔찍하게 여기고 고개를 내젓거나, 홀로 간단히 때우거나 '외주화'로 해결하거나, 아무리 다양해도 공통으로 박힌 말뚝에서의 거리는 오십 보 백 보 차이일 뿐이다. 여성에게 주어진 역할과 관계 맺음에서 부엌이란 말뚝과 거기 묶인 줄을 누구도 시원스레 제거하지는 못했다. 왜 말뚝이냐 하면, 부엌에 있지 않더라도, 부엌에 있을 필요가 없더라도, 부엌에 있어야 할 존재라는 사회적 압력에서 자유롭지 못하고, 부엌에서의 역할을 기대받는 존재이기 때문이다. 소위 '바깥일'을 하더라도 부엌과 관련한 수발노동을 요구받거나 부엌일을 하는 존재에게 '큰일'을 맡길 수 있느냐는 평가에서 벗어나기 힘들다. 그렇게 보면 사회 전체가 커다란 부엌이다.

시간과 장소는 인간 삶에서 중립적으로 작용하지 않는다. 인간의 하루는 24시간이라지만, 누구나 24시간을 공정하게 누리지는 않는다. 누구는 각종 수발노동을 받아 가며 24시간의 몇 배를 누릴 수 있고, 누구는 각종 수발에 바치느라 자기 시간이란 걸 못 가질 수 있다. 누구에게는 쾌적하고 편리한 공간이 누구에게는 지긋지긋한 곳일 수 있다. 동일한 공간을 무대로 하는 사람들이 실제로는 아주 다른 '장소'를 살아간다. 장소는 경험이 일어나고 무르익는 곳인데, 성별·나이·계층 등에 따라 특정 공간에서 맺는 관계와 역할이 다르기 때문이다.

누군가 "집에 가서 밥 먹어야 해"라고 자리를 떨쳐 일어날 때, 이때 밥에 대한 집념은 성 역할에 따라 다르다. 반드시 집밥을 먹어야겠으니, 집의 여성('마누라'로 대표되는)이 차려 주는 밥을 먹어야겠다는 것과 "나 밥 하러 가야 해" 또는 "밥 주러 가야 해"는 다르다.

인간에게는 저마다의 고유한 얼굴이 있다. 얼굴에는 체면이 있고 그런 얼굴에 대한 예의란 것이 있다. "내 얼굴이 밥상으로 보이지?"라는 자조적인 말을 씹는 얼굴은 그런 예의로부터 배신당한다. 밥상에는 격을 따지면서, 밥상을 차린 사람에게는 예의를 보이지 않는다.

"여자라서 행복해요"라는 식의 주방 가전제품 광고는 그 제품의 사용자가 '여자'여야 함을 지목하고 있다. 기능적으로 향상된 제품은 부엌으로부터의 해방이 아니라 부엌에서의 더 세련된 노동을 기대한다. 더 나은 '질'을 보여야 하는 것이다. "참 편해졌네"라는 말에

—

는 '부엌일 하는 게 뭐 대수냐'는 뜻이 담겼다. 기술이 발전할수록 부엌일은 평가절하된다. 누구나 할 수 있고 같이 해야 하는 일로 변해야 할 터인데, 오히려 '대수롭지 않으니 네가 계속하라'는 명령의 기제가 되곤 한다.

　성별·나이·계층 등에 따라 살아가야 할 때 공간과 시간은 아주 다르다. 식당, 화장실, 대중교통 등에서의 분리와 차별에 맞서, 일상의 '사소한' 공간을 둘러싼 권리 투쟁이 인권운동의 역사를 채워 왔다. 이 투쟁에는 특정 '장소'의 출입자와 그에 따른 의미를 바꾸는 것도 포함된다. 포함되기 위한 투쟁이 있다면 박차고 나오기 위한 투쟁이 있다. 부엌은 어느 쪽에 해당할까?

　"너는 혼자라서 좋겠다."

　내가 자주 듣는 말이다. 이 말은 "너는 밥 안 해도 돼서 좋겠다"는 말과 동의어다. 그런 말을 하는 이들이 잘 알지 못하겠지만, '홀몸(?)'인 나에게도 부엌의 역사가 있고 그 사연은 제법 길다. 개인의 고유한 정체성은 특정한 장소를 무대로 만들어진다. 몸이 있어야 한다고 강요받는 곳, 그런 몸의 경험과 맥락이 나의 정신적 관점을 만들어 낸다. 내가 경험한 부엌은 다른 이들의 부엌과는 다른 정체성을 형성해 왔을 것이다. 가령, 애써 싼 도시락을 동생들이 남겨 왔을 때의 감정에, 잔반이

—

아까워 모아서 비벼 먹고 말아 먹는 행동에, 나의 관점이 있다. 그렇게 경험한 내 인생의 부엌을 크게 세 가지만 꼽아 볼까 한다.

첫 번째 부엌.

나는 초등학교 3학년 때 '부엌데기'가 됐다. 맏딸은 살림 밑천이란 말을 증명하는 삶이었다. 파산한 집안을 뒤로하고 보따리 장사를 나간 엄마를 대신하는 게 내 역할이 됐다. 연탄불을 제때 갈고, 동생들을 걷어 먹이고, 빨래하고, 청소하고, 젖먹이 막내를 업어 키워야 했다. 그때 읽었던 동화 〈소공녀〉에서 세라의 하녀 일이 남 일 같지 않았다. 최근에 본 영화 〈로마〉 속 하녀의 일은 눈이 아닌 몸으로 따라가며 숨이 찼다. 내가 해온 일과 너무 비슷해서였다. 부엌일의 실체는 지루하고 반복적이고 극심한 고됨이다. 그 일에 숭고함이나 보람 같은 건 없었다. 밥상은 밥만 하는 것으로 만들어지지 않는다. 잘 다듬어진 재료를 갖고 요리하는 셰프의 일과는 다르다. 형편에 따라 고됨은 가중된다. 겨울에는 연탄 배달이 추가됐고(고지대는 배달료가 추가되기에 그걸 아끼려고 내가 직접 날라야 했다), 자주 어는 수도꼭지를 녹이는 일, 꽁꽁 언 김장김치를 마당에 있는 김장독에서부터 꺼내 와 썰어야 하는 일, 그런 일로 갈라지고 피

—

맺힌 손을 남 앞에서 숨겨야 하는 일…….

장소란 누군가와 교류하는 곳이고 친밀감이 형성되는 곳이라는데, 부엌이란 장소는 나의 철저한 고립을 의미했다. 밖에서 놀고 있는 같은 학교 아이들과 하교 후에 마주치는 것은 두려움이었다. 내 몰골에 대한 자격지심에, 같은 학교에서 공부하는 같은 '신분'이 아닌 다른 '신분'으로 대하는 느낌 때문이었다.

부엌에서 나는 장래에 대한 꿈을 꾸질 못했다. '내일은 수도가 녹았으면' 따위의 가까운 기대를 품는 게 고작이었다. '공부는 사치'라는 생각, 어서 빨리 독립해 돈을 벌어야 한다는 생각. 역할 모델은 드라마에 나오는 나 같은 처지의 가난한 집 딸의 운명, 가령 여상 출신 '경리', 시골 출신 '공순이' 같은 전형적인 것이었다. 돈을 벌어서 동생들을 공부시키는 자랑스러운 큰 언니가 되는 게 현실적이었다. 보고 듣는 드라마에 감정이입되는 역할은 그런 것뿐이었다. 갖은 뒷바라지 다 하고 버림받는 여주인공의 모습은 내 머릿속 드라마의 정점이었다.

또 다른 한편으로, 나는 나 자신을 '밥하는 희생자'로 구성하지 않으려 애썼다. 소위 칭송받는 어른 여성들의 '흉내 내기'를 열심히 했다. 명절에 친척 집에 가서 산더미 같은 설거지를 누가 시키지 않아도 부엌에 털썩

주저앉아 척척 해냈다. 그러면서 "뉘 집 딸인지 참 참하네", "저기 ○○ 딸내미잖아"라는 소릴 듣는 걸 즐겼다. "시집가도 되겠네"라든가 "맏며느릿감"이라는 말을 들을 때마다 난 으쓱해하고 스스로를 대견해했다. 왜 누구도 돈을 잘 벌 것이라거나 성공할 것이라는 말을 안 했는지 모르겠다. 그런 형편에서도 나는 공부를 꽤 잘하고 책도 아주 많이 읽는 아이였는데 말이다. 누구도 나에게 공부를 잘하라거나 작가가 되라는 말을 하지 않았다.

주변의 어른 여성들이 '사'자 붙는 호칭을 듣는 유일한(?) 장소는 교회였다. 가난하고 못 배운 우리 엄마도 거기서는 집'사'님이었고, 골목에서 이런저런 부업을 하고 있던 그런저런 아주머니들도 모두 집'사', 권'사'님이었다. 집사님들의 회의는 늘 다음 주 먹을거리였고, 그것에 대한 분담이었다. 먹을 사람은 남자 목사, 남자 전도사, 남자 장로였다. '어른 아이' 취급을 받는 나는 거기 끼여 내 몫 이상을, 때론 엄마 몫 이상을 해내면서 '축복받은 아이'란 칭찬을 들었다. 차별은 누구에게만 특정 역할을 할당하고 그걸 본분이라 여기게 만든다. 그 역할에 충실한 것을 희생이나 헌신 등의 말로 치장해서 차별받고 있다는 감각을 지우는 게 차별의 전략이다. 그 전략은 적중했다. 나는 희생을 당연시하

—

15

고 희생하는 나 자신을 헌신과 책임의 아이콘처럼 여기면서 그 역할을 감내했다.

장소가 의미 있으려면 소속감을 느끼고 나를 인정받는 곳이어야 한다. '소속감'을 느끼려면 동료가 있어야 한다. 나의 부엌에는 그런 것이 없었기에 끔찍한 고립의 장소였고, 거기서의 경험은 나누거나 전승할 수 있는 경험이 아니라 신세 한탄이 될 뿐이었다. "나 이렇게 힘들었어"라고 운을 뗄 때마다 '또 시작이네'라는 눈총을 받는 이야기는 경험으로 전승될 수 없다.

바깥사람, 바깥일 하는 사람은 '돌아갈 집', '기다리는 집밥'을 생각하며 버틴다지만, 부엌에 매인 사람에게는 돌아갈 곳이 없다. 안락을 낳는 장소에서 거기에 속한 사람은 정작 안락이 없다.

"아줌마! 빨리빨리!"

식당에서 제일 많이 들은 말이다. 가정 영역에서의 부엌일을 임금을 받는 일로 옮겨 가면 뭐가 다를까? 여성의 부엌은 임금 벌이의 역사에서 앞장선 것이고 지금도 상당수가 부엌에서 밥벌이를 한다. 내 인생에서 중요한 두 번째 부엌은 14년간 주말 알바를 한 식당 주방이다. 우여곡절 끝에 나름 가방끈이 긴 공부와 사회운동을 하게 됐다. 인권운동은 밥벌이가 전혀 되지 않았기에 찾은 알바가 식당일이었다. 하루 12시간의 노동이었다. 거기에 준비와 마무리 시간은 사정에 따라 보태졌다. 보통 하루 백여 번 이상의 상차림을 하는데, 한두 명이 오는 식당이 아니라 가족 모임이 많은 곳이어서 한 상의 인원이 십여 명 이상일 때가 많았다. 돌솥밥이 기본이어서 평균 6백여 개 이상의 돌솥을 닦았고, 주문표를 읽으며 동료들에게 메뉴와 일의 순서를 알려 주었고, 서너 개의 메인 요리를 책임졌다. 콩국수가 추가되는 여름이면, 그 사이사이 국수 삶는 물을 부어 가며 일을 했다. 틈틈이 쓰레기 처리도 해야 했고, 떨어진 재료를 보충하며 밑 재료를 만들기도 해야 했다. 머리와 몸을 초 단위로 굴려야 가능한 일이었다. 일부 경제학자들은 여성의 생산성이 낮기 때문에 보수가 낮은 것이라 하는데, 나와 동료들의 주방에서 하루, 아니 단 한 시간이라도 일을 해봤으면 그런 말을 할 수 있을까라는 생각이 든다.

그곳에서 나는 꽤 유능했지만, 오랫동안 그 장소에 속했음을 인정하길 거부했다. 처음 몇 년 동안은 앞치마를 절대 하지 않았다. 설거지에 앞쪽이 다 젖고 온갖 기름때, 양념 때에 옷을 버리게 되어도 고집을 피웠다. 내가 부엌에 속한 사람으로 보이는 게 싫었다. 일하는 중간에 화장실에 갈라치면, 앞치마를 맨 내 모습에 손님들이 움찔하는 걸 느꼈기 때문이다. '같은' 화장실을 쓰고 싶어 하지 않는 느낌이랄까. 난 주방 사람인데도 앞치마를 두르고 홀을 통해 볼일을 보러 나가면, 손님에게 바로 붙잡혀 이런저런 잔심부름을 해야 했다. 그런 심부름 중엔 식당에서 금지된 담배 심부름도 있었다. 그래서 난 앞치마를 오랫동안 거부했다. 그냥 맨옷이 편하다고 둘러대면서 말이다. 장소란 사람이 사회적 결속의 그물망 안으로 얽혀드는 곳이고 내가 남들을 알아보고 남들이 나를 알아보는 곳이라 했다. 그런데 나는 내가 '유령'처럼 여겨졌다.

식당 동료들은 일주일에 하루를 쉬었는데, 그걸 쉼이라 할 수는 없었다. 김치 담갔다, 이불 빨래했다 등등 하루 새 해치운 집안일에 대한 내용이 쉰 다음 날 얘기였고, 특별 휴가를 내는 경우는 대개 제사 때문이었다. 부엌에서 부엌으로의 진출이 '사회 진출'인 게 참 이상했다.

이주의 여성화 현실은 서울 구석의 식당에서도 목격됐다. 해가 갈수록 주방에는 국제 이주 여성이 늘어갔는데, 이주 여성들은 휴일을 반납하고 일당을 받으며 일하기를 계속했다. 혹 일할 사람이 넘쳐 우리 식당에서 쉬어야만 하는 사정이면, 다른 식당에 알바를 다녀오곤 했다.

———

장소는 관계적인 속성을 핵심으로 하는데, 관계에는 좋은 관계만 있는 게 아니다. 특정 장소는 불평등한 권력관계의 영향을 통해 유지되며 요동친다. 한국인 여성과 이주 여성들 간에는 보이지 않는 위계가 작동했다. 업무상 갈등이라기보단, '너희 나라엔 이런 것 없지?'라거나 '못사는 나라에서 온 것들'이란 멸시의 태도가 격한 싸움이 되곤 했다. 지켜보기에 슬픈 싸움이었지만, 이주 여성이 대세가 된 후엔 어쩌다 등장하는 한국인 노동자가 뜨내기 취급을 받았다. 장소는 그렇게 역동적이다.

내가 가장 속 쓰린 경우는 따로 있었다. 식당 노동자들은 소위 '진상' 손님을 자주 겪는데, 그들이 가고 나면 으레 뒷말을 한다. 그런데 동료들이 가장 싫어하는 '진상' 손님은 밥때 식당에서 밥 먹고 있는 여자들이었다. "밥때 다 됐는데, 지 집 가서 밥 안 하고 여기서 저러고 있을까?"가 비난의 내용이었다. 여성은 '먹이는' 사람이지, 남이 해 준 음식을 '받아먹는' 사람이 아니라는 오랜 규범의 질김을 본다. 집을 나와 바깥 부엌에서 일하고 있는 여성이, 집 부엌에 있지 않은 여성을 비난하는 광경은 있어야 할 곳과 역할을 지정하는 폭력의 정점이었다.

"술방에 가 보고 싶어요."

주변 사람들에게 자주 듣는 말이다. 나의 세 번째 부엌은 지금의 사무실이다. 사람들이 인권연구소라 부르기보다는 흔히 '술방'이라 부르는 곳이다. 관계를 맺는 것은 먹는 걸 나누는 장소를 함께하는 것에서 시작된다. 물론, 외주화로, 바깥에서의 상품을 소비하는 방식으로 같이 먹을 수도 있다. 하지만 그런 소비력이 없거나 또는 소비 행위로 대체하기를 거부한다면, 누구나 팔을 걷어붙이고 먹이를 만들어야 한다. 그래서 난 '술방'이라는 부엌을 만들었다. 일본 만화와 영화를 본떠 『심야인권식당』이라는 제목의 책을 낳기도 한 곳이다. 사람에게는 친밀한 장소가 필수적이고, 그런 장소는 무르익는 시간과 관계를 요구한다. 관계가 내가 속한 세계를 넓혀 가는 것이라면, 이 부엌은 그런 선물을 주는 장소이다. 이 부엌에서 만난 우리는 같이 글을 빚기도 하고 특별한 행사를 기획하기도 하고 격한 논쟁을 하기도 한다. 이곳에 애착을 느낀 사람들이 특별한 기운을 불어넣어 '장소성'을 만든 것이다.

내 인생을 통해 이동해 온 부엌이다. 고립에서 교류로, 먹이는 곳에서 같이 나누는 곳으로, 경험을 불러모으고 전할 수 있는 곳으로 부엌의 물갈이를 하고 싶었다. 물론 여기서도 장 보고 다듬고 씻고 치우는 노동

—

의 고됨은 계속된다. 아무리 열심히 해도 돈으로 교환 가능한 노동도 아니다. 하지만 이 노동은 유령의 노동이 아닌 '보이는' 노동이고, 성 역할로 할당받은 것도 아니다. 그럼에도 늘 경계에서 흔들거린다. '헌신'적인 '여성'의 노동으로 보려는 시각이 달라붙기 마련이기 때문이다.

　냉장고에 붙여 놓은 그림엽서가 있다. 부엌에서의 내 노동이 '성 역할극'으로 퇴행하는 걸 막기 위해 늘 두고 보기 위한 것이다. 오래전 영국의 한 여성운동 갤러리에서 산 것이다. 길거리에 나선 여성이 가방을 뒤지며 혼비백산한 그림이다. "오, 나는 내 사회적 기술을 잃어버렸어." 또 다른 그림에선 선반 위에 잔뜩 쌓인 일거리를 두고 여성이 외친다. "세상을 멈춰 줘. 난 이것부터 치워야 한다고!"
　부엌일은 이토록 필수적이고 귀중한데, 왜 사회적 기술이 아닌 것일까? 세상의 부엌들이 들고일어나 소리칠 일이다. 사회에 포함되기 위해 부엌을 박차고 나와야 하는 한편, 사회적으로 필수적인 부엌을 만들고 가꿔야 하는 이중의 장소 투쟁은 언제까지 여성만의 몫이어야 할까?

───

연단

"우리, 어렸을 땐 웅변학원이 참 많았는데⋯⋯. 누나도 웅변학원 다녀 봤어요?"

주차된 흔한 노란색 학원 버스를 지나치다가 문득 후배가 물었다.

"그지. 웅변학원 참 많았어."

"왜 그렇게 웅변학원이 많았을까요?"

"글쎄. 다녀 본 적이 없어서 생각 안 해 봤는데."

갑자기 생각을 하기 시작했다.

"나 어렸을 적에 반공 웅변대회 같은 게 요즘 경시 대회 같은 거였으니까 거기서 상 받을라고 다녔을까? 아니면, 남자라면 말을 잘해야 하고 말을 잘해야 성공 한다고, 그래서 그런 것 아니었을까?"

"왜 '남자라면'이에요? 여자애들은요?"

"그러게. 어른들이 늘 그렇게 말했어. 남자라면 언 변이 좋아야 한다고."

"그럼, 여자애들은 무슨 학원에 다녔어요?"

—

"여자애들은 주로 주산, 부기학원 같은 거 다녔어. 나중에 취업에 도움되라고. 피아노나 미술학원 같은 건 부잣집 애들 다니는 거고."

후배의 갑작스러운 질문에 '국민학교' 시절 운동장과 교실의 연단이 떠올랐다. 웅변대회 사전 연습으로 교실 연단에서 "이 연사 소리 높여 외칩니다!"를 두 팔 벌려 올리면서 외치던 남자 반장 아이, 그리고 그 연습을 지휘하고 칭찬하던 선생님, 반복해서 듣느라 지겨웠지만 열렬히 손뼉을 쳐야 했던 나를 포함한 반 아이들. 그렇게 상승의 기운을 듬뿍 받은 반 대표들이 총출동해서 열리던 운동장에서의 웅변대회. 우승자에게 메달을 걸어 주던 세레모니. 연단은 높았고 대단해 보였고 연단에 한번 올라갔다 내려온 아이에게는 무슨 아우라가 있어 보였다.

나도 연단에 한번 올라간 일이 있었다. 하지만 웅변을 하러 올라간 것은 아니었다. 구청장이 주는 '착한 어린이상'을 받으려였다. 여기서 '착한'이란, 불우한 가정 형편에도 불구하고 부모님 일을 잘 돕고(가사일을 잘하고) 학교생활에 충실하다는 거였다. 말하자면 '효행 효부상' 어린이 버전 같은 거였다. 연단에 올라갔다 내려왔지만, 나는 자랑스러움과는 대비되는 묘한 감정으로 오랫동안 괴로웠다. 나의 불우함을 전시한 느낌이었

—

고, 그런 상에 날 추천한 선생님이 미웠다.

사회는 누가 어디에 등장해도 되고 출현을 삼가야 하는지를 정해 주고, 거기에서 무엇을 나타내고 드러낼지도 지정해 준다. 그 지정은 특정 장소로 표현되는데, 연단은 성별화된 이분법의 중심 장소 중에서도 두드러진다. 연단에 어울리는 사람과 어울리지 않는 사람, 연단에서 당당할 수 있는 사람과 주눅 드는 사람, 연단을 경계로 말하는 사람과 들어야 할 사람, 이런 이분법이 작동한다. 더 능력 있고 강한 존재가 연단을 차지하는 것이 당연하다고 여겨진다.

연단에 '누가' 서느냐만 문제 되는 건 아니다. 공적 영역과 사적 영역이라는 오랜 이분법은 연단에서 다뤄야 할 내용도 단속한다. 연단에 누가 등장하느냐에 따라 거기서 표현돼야 할 내용은 편향적으로 지정된다. 여성에게는 '안'을 남성에게는 '밖'을 할당하는 세계관이 강요된다면, 제아무리 연단을 차지하더라도 단지 무대를 옮긴 '집안일'에 그칠 수 있다.

또 특정 개인이나 집단에게는 피해를 증언하거나 호소나 절규를 하라고 연단에 세우는 일이 잦다. 해석과 평가 등은 연단의 원래 주인들이 할 일이고, 그들은 연단을 잠시 내준 것뿐이다. 이때 피해자나 약자로서

———

연단으로 호출되는 이들은 연단의 거주민이 아니라 임시 출입증을 받은 존재에 불과하다.

　연단은 어디에나 있다. 학교, 컨벤션센터, 관공서, 미디어, 종교 행사, 집회 등 한 사람이 청중 앞에서 연설할 일이 있는 곳이라면 어디에나 다양한 모양으로 존재한다. 오늘날 연단에 서는 사람은 예전과 달리 다양해졌고, 여성들도 다양한 이유로 다채로운 역할로 연단에 등장하고 있다. 아무튼 사회는 많이 변했고, 나도 변했다. 웅변학원 근처에도 가 보지 못했지만, 나는 연단에 자주 서는 사람이 됐다. 집회에서 연설도 자주 하고 인권 교육이란 명목으로 강연자가 되곤 한다. 하지만 내가 연단에 서는 데 '성공(?)'했다고 해서 이 사회에서 여성들이 겪는 연단의 성격이 근본적으로 달라졌다고 말하기는 어렵다. 여성들의 연단을 위한 투쟁은 계속돼야 하고 연단의 속성과 역할을 묻는 질문도 계속돼야 한다.

　강연할 때마다 긴장하기 마련이다. 준비한 말을 잘 할 수 있을까? 호응을 잘 이끌 수 있을까? 이런 일반적인 긴장이 아니다. 거기에는 급습에 대비해야 하는 성격이 다른 긴장감이 있다.

　한번은 학생 인권에 관해 얘기하고 있었다. 굳이

—

학생 인권을 사례로 고른 게 아니고 그게 그날의 초청 주제였다. 참여자 중 한 명이 '질문을 해도 되냐'는 양해도 없이 땅에서 솟아나듯 튕겨 일어섰다. 그는 "요즘, 교권의 하락이 문제예요. 문제! 인권이다 뭐다 해서 교실이 얼마나 엉망인 줄 알아요? 교사의 권위가 존중받아야 수업을 하든 교육을 하든 할 거 아니요?"라고 소리쳤다. 손가락으로 삿대질까지 해 댔다. 나는 그저 얼어붙었다. 바로 그 순간, 나의 '교권(?)'이라면 교권이라 할 권위를 깡그리 무시하고 있는 장본인이면서 그 사람은 그 점을 전연 고려하지 않고 있었다.

또 어떤 날은 '인권의 역사'가 주제였다. 말을 쉬는 틈도 아니고, 소주제가 전환되는 틈도 아닌, 정말 한창 얘기 중이었다. 맨 뒷줄의 사람이 벽에 등을 기대고 반쯤 드러누운 자세로 갑자기 끼어들었다. "양심적 병역 거부가 뭐죠?" 내가 말하던 주제나 맥락과 전혀 상관없는 질문이었다. 그래도 잠깐 얘기를 끊고 아주 간략하게 설명을 하고 내 주제로 돌아가려 했다. "내가 왜 인권 강좌에 왔냐면, 일단 내가 알아야 제대로 인권을 까줄 수가 있으니까." 자기 질문에 대한 나의 친절한(?) 답변을 듣고 난 그 사람의 대꾸였다. 그런 태도를 맞닥뜨린 자리는 교사 연수였으니, 그 사람의 직업도 분명 교사였을 것이다. 참여자에게도 분명 발언권이 있지만,

—

이런 식으로 다른 누구의 눈치도 보지 않고, 자기가 원할 때 원하는 방식으로(주로 호통치는 듯한) 표출한다는 게 문제다. 짐작하겠지만, 이런 상황을 연출하는 사람들의 성별은 치우쳐 있다. 나에게는 주로 남성들이 그런다.

연단과 청중석 사이, 권력관계는 단순하지 않다. 내가 연단에 자리했다고 해서 그 '권력'이 안정적인 건 아니다. 나의 연단은 특수한 도전에 늘 노출돼 있기 때문이다. 일부 청중의 끼어들기나 위협하는 식의 도전은 '평등'한 위치에서의 새로운 문제 제기나 환기가 아니다. 그런 거라면 언제든 환영이다. 이것과는 성격과 의도가 전혀 다른 식의 '도전'이 있다. 노골적으로 진도 나가기를 방해하거나 권위를 인정하지 않겠다는 비하적 표현을 들이댄다.

느닷없이 끼어들어 "의사입니까? 교수입니까?"라고 묻는다. 강사 소개에 분명 인권활동가라 밝혔다. "그거 너무 과장하는 거 아니오?" 통계와 자료의 출처를 분명 밝혔다. "내 경험엔 그런 것 없는데. 너무 편향됐어." 특정 소수자의 경험이라고 분명 밝혔다. "세상 좋아졌는데 고마운 줄 모르고 나댄다니까." 발언을 요청한 바 없는데 자기가 강사가 되어 '요즘 세태'에 대한 일장 연설을 하는 건 별책 부록이다. 반말과 하대의 경계를 파도타기하는 어법을 쓰면서 말이다.

강의 후에 혹 칭찬과 감사의 말을 들어도 전혀 기쁘지 않은 경우도 있다. "거, 젊은 여성이 아는 게 참 많네.", "참, 대견해." 물론, 나는 '젊지'(세간의 기준에 따르면)가 않다. 유독 그런 말을 하는 남성들이 '젊은'이란 말을 굳이 붙이는 것은 나의 경력을 뺄셈하고 싶은 심리가 아닐지 추측할 뿐이다.

내가 긴장하는 데는 또 다른 이유도 있다. 기존의 전형적인 연단의 성격에 물들거나 익숙해지지 않겠다는 다짐 때문이다. 잘나고 높으신 분들이 독점하는 권위주의 장소로서의 연단은 싫다. 권위와 권위주의는 완전히 다르다. 내가 원하는 것은 연단의 권위이지, 거기에 오르는 사람의 권위주의가 아니기 때문이다.

연단은 조직의 성격에 따라 다양하다. 원형으로 둘러앉아 같은 높이, 같은 자리에서 얘기하는 자리가 있다면, 목이 아프도록 올려다봐야 하는 곳에 연단이 마련돼 있는 곳도 있다. 격식과 지위를 따지는 조직일수록 그렇다. 그럴 경우에 나는 연단에 오르지 않고 마이크만 들고 내려와 '평지'에서 말을 하곤 한다. 청중과 눈높이를 맞춰 얘기하는 게 좋다는 이유로 말이다. 반면 청중은 연단으로부터 멀찍이 떨어져 앉거나 뒷자리에 앉는 걸 좋아한다. 편하게 딴짓을 하고 싶은 마음이 겠지만, 격식을 갖춘 자리일수록 연단에 가까운 앞자리 는 '높으신' 분들의 지정석으로 마련돼 있기 때문에 몸 에 밴 습관이 아닐까 싶다. 그런 높으신 분들은 어처구 니없이 긴 인사말과 자화자찬으로 내 아까운 강연 시간 을 파먹곤 한다.

　이렇게 연단은 물리적으로 고정된 실체만을 가리 키는 게 아니다. 연단은 그것을 무대로 펼쳐지는 상호 작용에 따라 출렁이는 장소이다. 물리적으로 연단에 등 장했다고 해서, 그게 온전히 자기 장소가 되는 것은 아 니다. 실제로 현실적으로 연단에 '자리했다'고 말할 수 있기 위해 다양한 분투가 계속 요구되는 것이다.
　긴장 속에서 연단에 설 때마다 두려움과는 다른 어 떤 울렁거림도 있다. 그건 연단의 역사 때문이다. 지금 이 순간 내가 연단에 등장할 수 있기 위해 숱한 이들이 모욕감과 두려움의 자갈길을 밟아 왔다. '물러나는' 것 으로 사회 안에 머무르는 것을 허락받는 삶을 버리고, '튀어나오는' 도발을 멈추지 않았기에 지금 나의 자리 가 연단에 마련될 수 있었다. 여성들은 무리를 지었고, 금지된 장소를 점거했고, 문제의 장소를 원래 정해진 것과 다른 방식으로 사용했고, 어떤 장소를 버리기도

———

했다. 그 과정에서 연단에서 끌려 내려온 일은 얼마나 많았던가.

가령, 지금은 누구나 당연하게 생각하는 '노예제 폐지'는 전혀 당연하지 않았다. 노예제 폐지운동에서 여성들은 선구적인 활동가이자 조직가였다. 하지만 1840년 런던에서 열린 '노예제 철폐를 위한 세계대회'에 간 여성 활동가들은 여성이라는 이유로 입장과 참가를 금지당했다. 노예제 폐지운동 조직에서 여성들은 봉사해야 할 뿐 가입 자격도, 성명서에 서명할 권리도 갖지 못했다. 여성은 커튼 뒤에 앉아 있어야 할 뿐 연단에 설 수 없었다. 연단에 설 수 없음에 대한 분노는 여성권리운동으로 불붙게 됐다.

스스로 가장 높은 연단에 섰던 강주룡이란 여성이 있다. 상세한 기록은 남아 있지 않지만, 우리 노동운동사에서 최초의 고공 농성자로 알려져 있다. 일제강점기인 1931년 5월 말 새벽, 그녀는 평양 을밀대 지붕 위에 올랐다. 산책 나온 사람들의 가슴을 새벽 공기처럼 후벼 파는 연설을 했다. 연설은 9시간 반 동안이나 계속되었다. 고무공장 노동자들의 임금 인하를 반대하며 파업을 했던 그녀는 자기가 소속된 공장 동료만을 위해서가 아니라 자기가 물러서면 평양 전체 고무공장 노동자의 임금이 깎일 것이기에 동료들을 위해 죽음을 각오하고 지붕에 올라갔다. 그렇게 하는 것이 명예스러운 일이라는 것이 자신이 배운 가장 큰 지식이라 했다. 사다리를 놓으면 뛰어내리겠다고 했지만, 몰래 뒤쪽으로 올라간 소방대원이 그녀를 밀어 떨어뜨렸다. 연행돼서도 석방될 때까지 단식 투쟁을 계속했다. 잠시 풀려났다가 또다시 잡혀 들어갔을 때도 불굴의 옥중 투쟁을 하다가 병이 들어 서른한 살의 나이로 생을 마감했다.

연단에 관한 문장 중에 단연 가슴을 울리는 것은 올랭프 드 구즈의 선언이다. 1791년 구즈는 남성들이 쓴 〈인간과 시민의 권리 선언〉의 위선을 비틀어 〈여성과 여성 시민의 권리 선언〉을 썼다. 이 선언의 제10조는 '여성이 단두대에 오를 권리가 있다면 연단에 오를 권리도 있다'("근본적인 견해까지 포함해서 누구도 자신의 견해 때문에 위협을 받아서는 안 된다. 여성은 단두대에 오를 권리가 있다. 마찬가지로 그 의사 표현이 법이 규정한 공공질서를 흐리지 않는 한 연단에 오를 권리도 가져야 한다.")는 것이다. 여성이 '괘씸하게' 정치적 권리를 행사했다는 이유로 그녀는 남성 혁명가들에 의해 단두대에서 처형됐다. 그렇게 그녀는 삶 전체로 단두대와 연단이 같은 것임을 증명했다. 당시에 단두대는 '정치범'만이 설 수 있는 것

—

이었다. 남성들은 여성이 정치적 권리를 행사할 능력이 없다는 이유로 억압했는데, 그런 남성들이 그녀를 단두대에 세웠다는 것은 그들이 애써 부정함에도 이미 그녀가 정치적 존재였다는 것을 의미한다. 그녀는 연단에 끼워 달라 한 것이 아니었고, 스스로 갈아 치운 연단에 이미 정치적 주체로 등장한 것이었다. 정치적 주체로서의 실천은 그녀의 권리인 동시에 책임이었다.

장소에 등장하는 사람이 달라지더라도, '있던 장소'에 그냥 '진입'하는 것에 그친다면 연단이 갖는 의미는 바뀌지 않을 것이다. 여성이 또는 비백인이, 장애인이, 지배적인 연령보다 어리거나 더 나이 든 사람이 연단에 서는 것은 연단의 의미를 바꾸는 것이기도 해야 한다.

연단은 성공과 권력을 상징할 때가 대부분이다. 연단은 그걸 과시하거나 허세의 장소로 타락할 때가 잦다. 앞서 연단을 세우고 등장했던 이들에 대한 존중이 없고, 자기의 노력만으로 자기가 잘나서 처음 이룬 것처럼 행세하는 연단, 새로운 장소를 만드는 데 기여하는 것이 아니라 다른 사람의 자리를 제압하고 지배하려는 연단은 비슷한 사람들끼리 낚아채고 나눠 먹는 대상이 될 뿐이다. 권력을 부리거나 자기 잘남과 자기도취에 취한 공간이 아니라 기존의 규칙을 어기고 변형하는

—

것, 연단을 누군가와 공동으로 나누는 공통 공간으로
삼는 것이야말로, 연단에 제대로 '자리 잡는' 것이다.

유명 영화 시상식이 끝나면 수상 소감이 화제가 되
곤 한다. 별로 듣고 싶지 않은 인맥 채굴용 나열이거나
자신의 위대함을 과시하는 연설이 주목받진 않는다. 대
신에 연단을 함께해야 할 투쟁의 장으로, 공동의 장소
로 만드는 힘을 발휘하는 연설이 돋보인다.

가령, 널리 회자되고 기억되는, 2017년 골든글로
브 시상식에서 배우 메릴 스트립이 한 수상 소감 같은
거다. 그녀는 트럼프가 장애인 기자를 흉내 내며 비하
한 것에 대해 "힘을 가진 사람이 다른 사람을 괴롭히는
데에 그 힘을 사용하게 되면 우리는 모두 패배하는 것
입니다"라고 강하고 우아하게 비판했다. 또한 메릴 스
트립은 깊은 자기 성찰과 역할에 대한 신념으로 빚어진
최고의 연기를 보여 주었다.

"우리는 공감의 연기에 따른 특권과 책임을 서로
일깨워 주어야 한다. (…) 너의 아픈 마음을 예술로 만
들어라."

단두대와 연단, 다른 말로 하면 '책임과 권리'가 같

———

은 것임을 설파했던 구즈가 21세기에도 계속 등장하고 있음을 본다. '여성이 만들면 다르다'는 말은 다른 무엇보다 연단에 적용돼야 한다. 여성의 연단을 향한 투쟁은 권력과 지배의 문양이 새겨진 연단을 차지하는 데 그치지 않았다. 그녀들은 상호성과 교류로 물결치는 연단, 세상에서 가장 크고 넓은 연단을 만들어 왔다. 들리지 않던 여성의 목소리가 닿는 곳마다 전혀 다른 성격의 연단이 끊임없이 생겨날 것이다.

교실

역할 배우기의 장소로서 세상 자체가 거대한 교실이고 학교다. 보통 교육을 통해 좁은 세상을 '벗어난다'고들 말한다. 공부해서 '탈출'하고 '이동'하라고들 채근한다. 하지만 교실에서 배우는 것이 특정 사람을 특정 역할에 잡아매 둔다면, 배우면 배울수록 탈출이 가능할 것일까? 아니면 오히려 더 세게 붙들리게 되는 것일까?

　장소는 떠날 수 없는 곳이고, 일시적으로 떠나더라도 되돌아올 수밖에 없는 곳이다. '남자는 배, 여자는 항구'라는 질긴 노래 가사처럼, 배는 항구가 있기에 멀리 새로운 공간을 향해 떠나지만, 항구로 상징되는 존재는 설령 잠시 배를 탔다고 여기더라도 항구에 포박된 배인지도 모른다. 여성은 항구 같은 장소가 될 것을, 누군가가 떠났다 되돌아와 기댈 수 있는 그런 장소가 될 것을 교실에서 끊임없이 배운다. 나 또한 공부를 통해 '벗어나야' 할지 '머물러야' 할지 사이에서 갈팡질팡했다. 공

—

부를 잘하더라도 여자의 본분을 알아야 하고, 공부를 잘하는 게 살림 솜씨 좋은 것만 못 하고, 공부를 잘하되 남자를 이기려 들지는 말아야 하고……. 그렇게 항구에 매인 배 위에서 항해를 공부하라는 식의 지시문이 교실에 가득했기 때문이다.

눈에 보이는 교과 과정만이 아니라 은밀하게 스며든 숨겨진 커리큘럼이 그런 지시문 역할을 한다. 교실에서는 숱한 아이들이 그런 커리큘럼을 통해 자기 자리와 역할을 배운다. "여자아이에게 남자아이와 동일한 교육을 제공하면 위험할 것"이라는 근대 계몽주의 철학자들의 격언이 교실에서는 빼곡히 실현된다.

몇 년에 한 번 돌아오는 투표일이었다. 투표소는 내가 다닌 국민학교에 설치됐다. 이게 도대체 얼마 만인가 하는 설레는 기분으로 그곳에 갔다. 어른이 된 후 처음 가 보는 것이었다. 교문 입구에서부터 깜짝 놀랐다. 어렸을 땐 광장처럼 넓었던 그 길이 정말 좁았다. 거인국에서 소인국으로 이동한 걸리버가 된 느낌이었다. 길은 좁았지만 머릿속은 온갖 기억으로 꽉 차 부풀어 올랐다. 먼저 떠오른 것은 우산 부대였다. 갑작스러운 비가 오는 날이면, 교문 앞을 꽉 메우고 제 자식을 찾던 엄마와 우산들……. 나처럼 엄마가 우산을 갖고

올 리 없는 아이들은 빗방울에 울적해지는 기분을 조숙하게 느꼈을 것이다. 일하는 엄마를 둔 아이들은 그 사실을 들키는 걸 꺼렸고 우산 마중을 받지 못하는 걸 이등 시민이 된 것인 양 받아들였다. 그래서 엄마를 찾느라 정신없는 친구들이 알아채기 전에 빗속으로 전력 질주하여 사라지는 방법을 택했다.

가끔은 '엄마 솜씨 경연대회'가 열렸다. 담임은 자수나 뜨개질로 만든 작품을 가져오라고 아이들을 채근했다. 역시나 일하는 엄마를 둔 나 같은 아이는 집에서 입조차 뗄 수 없었다. 어렸지만, 새벽에 나가 밤늦게 돌아오는 엄마에게 그게 가당찮은 요구란 것 정도는 알았다. 선생님은 매일 채근하고 매일 야단을 쳤다. 경연대회가 다가올수록 닦달의 강도는 세졌다. "엄마가 일하셔서 해 올 수가 없다"고 말씀드려도, "집에 가서 똑똑히 선생님 지시 사항을 말해. 내 말 안 들으면 정말 혼날 줄 알아"라고 윽박질렀다. 선생님의 세계에선 엄마의 존재와 역할이란 게 너무 분명했다. 물론 아빠 솜씨 자랑은 없었다. 학부모의 날에 '사'자 붙은 직업을 가진 아버지들이 특별 수업을 하러 오는 일은 있었다. 엄마 역할, 아빠 역할의 이분법, 그리고 어떤 게 소위 '정상' 가족인지 교실에서의 일상이 각인시켜 줬다. 우리 집은 '정상'이 아니구나, 일하는 엄마를 둔 건 떳떳하지 못

—

한 일이구나. 근거 없는 죄책감을 교실에서 배웠다. 그 때로부터 수십 년이 지난 지금도 초등학교 주변에선 녹색어머니회 깃발과 앞치마를 두르고 교통 지도를 하는 엄마들을 자주 보게 된다. 저 일을 할 수 없는 엄마들은 무슨 생각을 하며 출근을 했을까, 관행이란 건 정말 질기다는 생각을 하게 된다.

투표소가 설치된 곳은 내가 다닐 때 과학실인 곳이었다. 기표소 가림막을 걷고 나오는데 그 시절 과학실 창문의 암막이 떠올랐다. 한쪽은 검은색이고 다른 쪽은 붉은색인 두터운 암막이었다. 6학년이었던 어느 날, 여자아이들만 과학실로 가라는 지시를 받았다. 암막을 친 어두컴컴한 그곳에는 스크린과 영사기가 설치돼 있었고, 이미 여러 반의 여자애들이 모여 있었다. 빈 화면을 비추는 영사기 불빛에 먼지들이 빛났다. 양호 선생님은 안경 너머로 우리를 주시했다. 영문도 모르고 그곳에 들어선 우리는 '왜 우리만?' '남자애들은 왜 빠지는 거지?' 이런 물음을 눈빛으로 주고받으며 긴장했다. 영상이 돌아가자 우리의 긴장은 당혹감으로 변했다. 그것은 여성의 생리와 임신, 출산에 관한 것이었다. 한 달에 한 번 겪게 될 '사건'에 대한 얘기를 양호 선생님은 폭탄 투하하듯 던졌다. 우리는 공포 비슷한 걸 느끼며 몸을 떨었고, 자기 몸에 생길 일이 저주처럼 느껴졌다. 교실에

—

돌아오자, 남자애들이 짓궂게 놀리기 시작했다. "너네, 과학실에서 뭐 했어?" 자기들은 다 알고 있다는 음흉한 미소가 담겨 있었다. 왜 여자애들만 떼어서 분리 교육을 했는지, 왜 우리 몸이 겪을 변화를 '몸 간수 잘 해야 한다'는 엄포를 섞어서 교육해야만 했는지, 지금으로선 화나는 것투성이다.

여중을 다니면서 고역은 교복 착용이었다. 소위 교복 자율화가 됐는데, 그 자율화의 성격이 뭐였냐면, 이전 시대에 일률적이던 교복 모양(남자는 상·하의 검정, 여자는 하얀 상의와 검은 치마)을 학교마다 디자인할 수 있게 된 것이다. 우리 학교 가정가사 담당 교사가 디자인했다는 교복은 점퍼스커트였다. 조끼와 치마가 위아래 연결된 통치마로, 계절마다 속에 받쳐 입는 블라우스만 달라지는 것이었다. 사계절을 견뎌야 하는 그 치마는 어느 계절에도 어울리지 않았지만, 여름이 가장 고역이었다. 브래지어 위에 반드시 속옷을 덧입어야 하고, 그 위에 하얀 블라우스를 입고, 점퍼스커트를 입고, 속치마와 속바지까지 챙겨야 했다. 우리가 무슨 양파도 아닌데 겹겹이 입어야 하는 속옷 검사에서 하나라도 걸리면, '여자답지 못하다'는 불호령이 떨어졌다. 더위에 지친 아이들은 조끼를 벗어 내려 허리에 둘둘 감고 있었

—

45

다. 간혹 용감한 아이들은 브래지어를 생략했는데, 그게 제일 시원했기 때문이다. 물론 브래지어 미착용이 처벌도 가장 심했다. 매타작을 감수하는 게 쪄 죽는 것보다 낫다는 심사였다. 교복이야말로 몸에 체화된 교육이었다. 소설 같은 데서 선망의 대상으로 바라보던 하얀 옷깃의 교복 소녀와 우리가 체감하는 고통의 거리는 너무 멀었다.

그런데 어느 날 그런 우리를 선망하던 한 무리의 언니들이 나타났다. 어느 산업체와 협약을 맺었다며 우리 학교에 야간 과정이 개설된 것이다. 우리가 귀가할 무렵 우리와 같은 교복을 입었지만 한참 나이 많은 언니들이 등교하기 시작했다. 낮에 공장에서 일하고 밤에 중학 과정을 이수한다는 거였다. 야간 수업을 맡은 선생님들이 우리에게 그 언니들 얘기를 자주 써먹기 시작했다. 처음에는 "너흰 형편 좋은 줄 알아라. 제 나이 때 공부할 수 있는 걸 감사한 줄 알아라" 수준이었다. 차츰, 얘기의 방향이 이상해졌다. "화장들을 해 대고 분 냄새를 풍긴다", "수업 시간에 과자를 먹더라. 어디서 배워 먹은 짓거리인지" 식의 험담에서 "그 애들은 벌써 남자 경험이 많아 가지고……. 너희는 몸 간수 잘해라", "조신하게 공부해서 시집 잘 가야지, 일찍부터 밖으로 나돌면 안 된다" 식의 악의적인 비방으로 이어

—

졌다.

선생님들이 풍긴 반감은 다른 '계급'에 대한 것이자 여자의 '성'에 대한 것이었다. 교사의 언행은 아이들에게도 곧 전염됐다. "아이구, 야간 생도들 오시네"라면서 빈정거리는 아이들이 생겨났다. 그 언니들에 대한 믿거나 말거나 식의 소문을 나눠 가졌다. 등하굣길에서 마주칠 때 큰 소리로 경멸의 표현을 해 대는 아이도 있었다. 표현이 너무 심할 때면, 나는 섬뜩해서 주변의 눈치를 살피곤 했는데, 그 언니들 얼굴은 이상할 정도로 차분했다. 마치 '이 정도는 아무것도 아니다', '겪을 만치 겪어 봤다'고 말하는 것 같았다. 야간학교는 그리 오래가지 못했다. 지원자가 많이 줄어서 산업체에서 없앴다는 말과 우리 학생들에게 좋지 않은 영향을 준다는 이유로 학교 측에서 중단했다는 말이 엇갈려 돌았다. 교문은 높은 언덕 위에 있었고, 그 언덕을 오르내리던 좁은 길에서의 우리의 조우는 그렇게 잔인하고 슬프게 끝났다.

노동시장이 이중 체제(소수의 좋은 일자리와 다수의 열악한 일자리)라면, 그 이중 체제에서도 아래쪽의 대부분을 차지하는 게 여성일 텐데, 우리는 세상을 절반으로 나누고, 나쁜 형편 쪽을 경멸하면서 좋은 형편 쪽을 선망하길 배운 것일까.

—

노동시장의 갈림길 이전에 학교는 일찍이 이중 체제로 유지돼 왔다. 나는 남고(물론 남고라 하지 않고 그냥 고등학교라 불렸다)와 여고가 같은 재단에 있는 학교에 다녔다. 두 학교는 등하굣길을 공유했고, 그 길을 경계로 나란히 위치해 있었다. 입학식과 졸업식, 애국조회 등의 모든 행사는 일단 남고에서 먼저 진행됐다. 교장과 이사장이 겸임이기 때문에 그들이 남고에서 연설을 하고 난 뒤, 여고로 이동했다. 그럼, 우리는 시간을 조정해 그만큼 늦게 시작하면 될 텐데 그것도 아니었다. 운동장에서 같은 시간에 대기한 채 그들이 남고의 행사를 끝내고 넘어오기를 마냥 기다리는 것이다. 몸이 배배 꼬일 때쯤 나타난 그들은 현모양처를 운운하는 훈화를 하곤 했다. 남고에서 좋은 아버지와 남편이 되라는 훈화를 하진 않았을 것이다. 그때 우스갯소리라고, 양쪽에서 자기가 본 급훈을 말해 준 선생님이 있었다. 여고 교실에는 '공부하면 장래 남편의 직업이 달라진다'가 걸려 있고, 남고 교실에는 '공부하면 장래 아내의 얼굴이 달라진다'가 걸려 있다고 했다. 그때 따라 웃었던 우리는 뭣 때문에 웃어야 했을까? '직업'과 '얼굴'의 차이가 과연 재미있었던 걸까?

입시 공부로 들볶았지만, 여자의 공부에 대한 이중성은 교실에서 익숙한 것이었다. '뛰어나길 바라지만,

너무 뛰어나선 안 된다'는 단속이었다. 남자 기죽이면 안 된다, 공부 잘하는 거 예쁜 것보다 못 하다……. 공부의 목적을 '시집 잘 가려면'으로 설정하는 훈화를 들을 때마다 공부는 나를 해방하는 게 아니라 나 자신과 불화하게 만드는 것이었다. "나중에 보면 공부 잘한 애들보다 꾸밀 줄 알고 놀 줄 알았던 애들이 더 잘 살더라"는 말을 자주 하던 선생님은 왜 그러면서도 시험 성적이 떨어지면 매를 들고, 반 평균 떨어졌다고 우리를 닦달했을까? 미와 지의 이분법, 미와 지의 적대, 이런 이분법이 여성들을 상호 비교하게 하고 '매력'이라는 이상한 기준에 맞춰 경쟁하게 하고, 스스로의 가치를 폄하하게 만든다.

옛날 일이라고 말할 것이다. 요즘은 여학생의 진학률이 훨씬 높고 성적도 좋다고 말이다. 소위 알파걸이 만들어 낸 착시는 아닐까? 문제는 공부를 많이 하고 잘하고가 아니라 어떤 평가와 대우를 받느냐일 것이다. 〈왓 위민 원트(What women want)〉라는 미국 코미디 영화에서 남자 상사에게 무시받고 허드렛일만 해야 하는 여직원이 뒤에서 말한다. "나 아이비리그 나왔어, 짜샤." 그녀를 아무도 아이비리그 출신으로 대해 주지 않는다. 자기 아들에게 잘 하라고 내 아들이 그렇게 공부를 잘했다고 늘 자랑하는 시어머니에게 지친 내 후배는

—

"어머니, 공부는 제가 더 잘했거든요"라는 말이 결국 튀어나왔다 했다. 후배 부부는 같은 대학을 나온 동문이었다.

학교라는 곳에서 겪은 고통을 말할 때 대개 빈부 차이에 의한 차별을 말한다. 소위 계급 차이로 인한 비하와 모멸감을 느낀 경험 말이다. 가족 형태에 따른 차별 같은 것도 많다. 여성은 이것 말고도 성차별로 인한 고통을 겪는다. 교실에서 학생의 귓불을 만지는 남교사의 행동이 잘못된 것이란 걸 누구도 알려 주지 않았다. 훗날 영화 〈여고괴담〉을 보고서야 그게 성폭력임을 알았다. 여아에 대한 교육 차별은 세계의 중요한 인권 문제 중 하나이다. 대개는 그게 가난 때문이라고 말한다. 맞는 말이다. 하지만, 그것만이 아니다. 아시아나 아프리카의 많은 인권 보고서들은 수업료나 생활비 지원이 되더라도 학교에 가는 걸 포기하는 소녀들이 많다고 고발한다. 그 이유는 통학길과 학교에 도사리고 있는 성폭력의 위험이다. 관습과 제도화된 불평등은 학교라는 장소를 성별에 따라 이렇게 다른 장소로 만든다.

배운다는 건 자기 자신을 아는 것이라는데, 배울수록 열등함을 강요하는 체제에 순응해야 잘 살 수 있다는 걸 깨닫게 되는 건 도무지 기쁘지가 않다. 가르침을 주는 사람을 신뢰하고 존경해야 한다는데, 가르쳐 주는 사람의 행동이 폭력적이고 그것으로부터 보호받지 못한다는 걸 느끼면서, 자기가 배운 것을 부정하는 공부를 해야 하는 것, 그것이 억압받는 자의 공부이다.

학교만이 배우는 곳은 아니다. 더 중요한 공부는 일에서 배우는 거다. 일을 가지기 어렵고, 일을 하더라도 불안정하고 취약한 일이라면 일을 통한 배움과 상승을 기대할 수 없다. '여자는 안 키운다', '여자는 제자로 삼아 봤자'를 되뇌는 곳에서는 평등한 관계를 맺을 수 없고 수발노동을 하다 소진되기 십상이다. 공부를 더 해서 위치를 바꿔 보려 하지만, 공부를 하려면 돈과 시간이 든다. 돈과 시간은 없다. 가족의 한정된 자원은 여성에게 몫이 돌아오기 힘들다. 시간도 여성에게는 동등하지 않다. 여성에게는 더 심한 나이 제한이 있다. 조금만 꾸물거리면 당장 취업 연령의 마지노선에 걸린다. 일단 버티기 위해 나쁜 일자리라도 서둘러 취업하고 봐야 한다.

나는 학원 강사나 식당 알바로 생계를 이어 왔지만, 주업은 인권활동가이다. 엔지오(NGO)라 불리는 장소는 기업과는 다른 영역의 일터인지라, 돈벌이는 안 되더라도 상당한 수준의 성평등과 발언권을 누릴 것이라고 흔히들 예상한다. 블랙기업 같은 곳이나 한국 사회의 척박한 노동환경과 비교하여 그나마 낫다고 말할 생각은 전혀 없다. 다만, 숱한 장소에서 유령 취급을 받은 경험이 많다는 걸 말하고 싶다. 토론회 등에서 남성들끼리만 명함을 주고받고 나를 섬처럼 만드는 일, 정작 그 일의 전문가는 나인데 나를 제쳐 두고 경험이 훨씬 적거나 문외한인 남성들이 자원과의 연결을 차지하는 일, 나를 인터뷰하고 나를 초대한 자리임에도 저명한 남성 활동가와의 관계를 중심으로 나를 평가하려는 질문이나 인사말을 듣는 일……. 그럴 때마다 내가 지워지는 유령의 경험을 한다. 많은 엔지오엔 여성 활동가들이 다수인데, '장' 자리는 남성이 대다수이다. 여성 활동가들이 민주적 토론으로 결정하고 갖은 수발노동으로 수행하는 일을, 남자들의 공동체는 소위 '연줄'이라는 것으로 쉽게 해결하고 그걸 능력으로 평가받는 일을 자주 겪는다.

이런 탓에 내 자신의 일을 하기 위해서는 관행과는 다른 식으로, 거꾸로 하는 식으로 일을 배워야 했다. 배우는 것은 지루함을 견디는 힘을 기르는 것이라는데, 다른 말로 하면, 엉덩이가 무거워야 한다는데, 여성이 공부를 할 때는 지루할 틈이 없다. 공부'만' 할 수 있는 경우는 거의 없기 때문이다. 여성은 또한 남을 돌보느라 자신을 돌보는 일에 죄책감을 갖는 일이 많다. 누

—

구든 자기를 돌보는 공부를 해야 하고 이건 누군가가 지지해 줘야 할 수 있다. 이런 까닭에 공부란 혼자 하는 것이 아니고, 서로 나누고 보태는 것이다. 관계를 파악하고 연결하는 힘을 기르는 것이다. 내 일에서 다른 방식의 사수 관계를 만드는 것이 지금 내 공부의 목표이다.

교실과 학교, 사회에서 '성공'이라 가르쳤던 공부가 늘 '나를 어디로 데려가 주세요'라는 주문이었다면, 지금의 공부는 '나의 장소는 여기다. 여기서 뛰어볼 테다'를 실천하는 것이다.

—

광장

"아, 이제 나도 정착했구나!"

어느 인권 토론회 자리에서 북한 출신 여성 한 분이 이런 말을 했다. 어떤 이유로든 자기 출신지를 떠난 사람은 정체성의 혼란을 겪는다. 사람의 정체성은 친밀한 장소와 떼놓을 수 없기 때문이다. 그분은 북을 떠나 한국에 산 지 여러 해가 됐지만, '나는 여기 속한 사람인가?'라는 물음에 시달렸다고 했다. '북'에 대해서도 '남'에 대해서도 속 시원히 말할 수 없고 찬양이든 비판이든 단속해야 했다. 오히려 제3국에 간 북 출신 이주민을 만나 보면, 정체성이 안정돼 있다고 느꼈다고 한다. 그곳에서는 자기가 떠나온 장소에 대한 얘기를, 그리움이든 비판이든, 당국과 주변의 눈치를 보지 않고 할 수 있기 때문이라 했다. 그러다가 2016년 촛불집회에 참여하게 되면서 비로소 '나도 이곳에 속했다'는 정체성을 느끼게 됐다고 했다. 정치체의 운명을 결정하는 일의 성원이 되어, 동료 시민들이 치켜든 촛불에 화답하

—

면서, '나는 이방인이 아니라 이제 이곳에 속했다'는 감
각이 왔고, 거기서 '정착'을 몸으로 처음 느꼈다고 했다.

광장이란 내가 정치체의 성원이고 다른 누가 아닌
내가 이곳의 정치를 결정한다는 깨달음을 주는 장소이
다. 우연한 탄생과 혈통 덕분에 날 때부터 완전한 시민
권이라는 선물을 받은 사람을 혹자는 'Accidental Citi-
zen'이라 불렀다. 사고처럼 우연히 태어난 곳에서 선물
처럼 받게 된 시민권을 배부받게 된 자리는 자랑스러울
것도 없고, 타자에 대한 배타성을 고집할 자격도 될 수
없다고 했다. 민주주의적 시민성은 '사고(accident)'처럼
우연히 갖게 된 시민권에서 나오는 게 아니라 사회정치
적 삶에 관심을 갖고 공동의 세계를 구성하려는 의지와
호혜적인 행위에서 생기는 것이다. 우리가 갖춰야 하
고 자랑스러워할 것은 우연한 탄생·혈통 덕분에 갖게
된 시민권이 아니라 민주주의적 시민권이다. 마찬가지
로 광장의 성원이 되는 자격은 '날 때부터 저절로 시민
이 된 사람'만이 갖는 게 아니다. '날 때부터 저절로'에
속하는 조건에는 국적이나 시민권만이 아니라 성별도
있다.

의지도 호혜성도 없이 조성된 광장은 흔히 '동원'
이라 불린다. '동원'에서 강조되는 것은 '날 때부터 저

—

절로'에 속하는 국적이나 민족과 관련된 것이 많다. 이런저런 광장에 동원된 기억이 내 학창 시절에는 빼곡하다. 그중에는 괴롭고 수치스럽기까지 한 경험이 있다. 예전에는 북에서 온 사람이 주로 군인이었던지라 '귀순 용사'라고 불렀던 시절이 있는데, 한번은 비행기를 몰고 귀순한 일이 있었다. 서울의 여의도 광장에서 대대적인 환영 행사가 열렸고, 서울 시내 모든 중고교 학생들과 공무원들이 그 행사에 동원됐다. 선생님이 광장에서 출석 체크를 하겠다고 했고, 결석은 절대 해서는 안 되는 일로 배웠기에, 나와 친구들은 난생처음 여의도라는 곳에 가 보게 됐다. 지금과 달리 여의도로 가는 교통편은 거의 없었다. 내가 사는 곳에서 여러 번 버스를 갈아타야 했고, 그마저도 총동원령 때문에 온통 만원이었다. 여의도로 가는 길은 험난하기 그지없었다. 여의도에 도착하자, 그 엄청난 규모에 놀랐다. 이렇게 크고 복잡한 곳에서 어떻게 선생님을 찾는단 말인가? 미션임파서블이라 느꼈지만, 광장을 몇 바퀴 돌고 돌며 선생님을 찾아 헤맸다. 결국 포기하고 갈 때보다 배는 힘들게 귀가했다. 다음 날 온몸이 쑤시고 아팠다. 학교에 갔더니, 담임선생님은 아무렇지도 않은 얼굴로 말씀하셨다.

"너희들, 어제 광장에 갔었니? 우린(교사들은) 가기

—

힘들어서 광장 근처에서 한잔하며 놀았는데."

그제야 비로소 나는 '동원'에 분노했고, 광장에서의 출석 체크라는 말도 안 되는 일에 전혀 의심을 품지 않았던 내가 수치스러웠다. 그렇지만 그 후에도 이어진 동원에 대해 거부는 불가했다. 여고였던 우리는 '한복'으로 단장하고 대통령 해외 순방길을 배웅하거나 환영하는 '꽃순이 부대'로도 자주 동원됐다. 그럴 때면 공항 활주로에서 몇 시간씩 대기해야 했다. 옆의 남고는 그냥 길가에서 깃발만 흔드는 정도의 동원에 그친 것이 그때는 너무 부러웠다.

동원이 아니라 나의 의지로 처음 광장에 선 경험은 대학 신입생이 된 첫봄이었다. 공강 시간에 잠시 교문 밖에 나갔다가 들어가는데, 번쩍번쩍하는 헬멧 부대가 순식간에 주변에 꽉 찼다. 이른바 '백골단'이라 불리는 경찰들이었는데, 각종 시위에서 체포조로 활약하던 무시무시한 존재였다. 하얀 헬멧과 청재킷을 입고 있어서, 제복을 입은 다른 전경과는 구별됐다. 그들이 교내로 뛰어들더니 교정에 있던 각종 현수막과 깃발을 마구 뜯어내고 항의하던 학생의 머리채를 잡아끌고 갔다. 당시의 나는 정치 같은 것에 전혀 관심이 없었다. 기대와 달리 텅 빈 공갈빵 같은 대학 생활의 우울함에 빠져 있을 뿐이었다. 하지만 그런 나도 그 순간에는 가만있을 수 없다는 생각이 들었다. 어느 순간 교문 앞 광장으로 다른 학생들이 몰려나오고 있었고, 서로 어깨를 걸기 시작했다. 아무도 잡아끌지 않았지만 나도 모르게 그들 사이로 걸어 들어가고 있었다. 그러고는 낯선 이와 어깨를 걸었다. 광.장.으.로. 걸.어. 들.어.갔.다!

이 한 글자, 한 글자에 힘주어 점을 찍고 싶을 정도로 그 한 걸음의 기억은 수십 년이 지난 지금도 강렬하다. 하지만 세상의 불의함과 광장의 흥분이 내 일상의 멜랑꼴리를 해결해 주지는 못했고, 나는 얼마 후 부모님도 모르게 학교를 자퇴해 버렸다. 그리고 긴 '소속' 없는 생활이 시작됐다. 거리를 방황하고 소소한 알바로 연명하는 나날이 이어졌다.

큰 광장이 열렸다. 87년 6월 항쟁이 터진 것이다. 소속 없이 거리를 헤매던 나는 여기저기서 시위대와 맞닥뜨렸으나, 그들 사이로 '걸어 들어갈' 수가 없었다. 옛 대학 친구들에게 전화를 걸어 봤다. 하나같이 들뜬 목소리에 뭔가 대단한 일을 하고 있다는 기운이 느껴졌다. 하지만 아무도 나에게 광장에 나오라는 말을 하지 않았다. 학생도, 직장인도, 무엇도 아닌 나와 광장의 거리는 멀었다. 나는 매일 거리에서 광장을 맞닥뜨렸지만, TV나 영화에서 펼쳐지는 스펙터클과 다를 바 없는 광경으로 여겨졌다.

소속 없음에 지쳤고 부모님에게 자퇴를 들켜 버렸기 때문에, 다시 입시를 치르게 됐다. 등록금을 내러 간 날이, 고문 수사 끝에 죽음을 맞게 된 고 박종철 열사의 기일이었다. 도서관 앞 광장에서 추모식이 열리고 있었다. 나는 다시 소속을 갖게 됐다고 선물받은 하이힐과 멋진 롱코트 차림에 난생처음 매니큐어를 바른 손가락으로 갓 파마한 긴 머리를 쓰다듬고 있었다. 고인의 이름은 뉴스에서 봐서 잘 알고 있었기에, 추모식에 참여하고 싶었다. 다들 바닥에 앉아 있기에, 이번에는 걸어 들어간 게 아니라 같이 주저앉았다. 그런데 웬걸, 날 쳐다보는 눈길들이 곱질 않았다. 내가 뭘 잘못했나? 곧 나는 깨달았다. 그 자리에는 여성이 드물뿐더러, 나 같은 차림을 한 여성이 없다는 것을. 구호를 따라 하느라 손을 치켜들었다가 내 손톱의 매니큐어가 겨울 햇살에 빛나는 순간, 사람들 표정도 일그러졌다. 나는 서둘러 그 자리를 빠져나왔다.

재미있는 것은 내가 본격적으로(?) 광장에 나가게 되면서, 그때 질타받았던 여성스러운(?) 복장이 종종 이용됐다는 것이다. 소위 '가투'라고 불리는 가두시위에 나갈 때, 보호복이자 위장으로 그런 복장을 갖추곤

했다. 잘 뛰지도 못하고 갖은 폭력에 노출될 게 예상되기에, 그런 복장으로 나가면, '시위 같은 거에 나올 만한 사람'으로는 여겨지지 않을 거란 조언이었다. 정말 그렇게 꾸미고 광장에 나가면 경찰은 나를 거들떠보지도 않았다. 또한 여학생들은 그런 복장을 하고 시위 지도부에 속하는 남성을 에스코트하곤 했다. 야하게 입고 팔짱을 끼고 검문 같은 걸 통과하는 거다. 광장에서 소외되면서 광장을 위해 이용되는 여성성? 여의도 광장에 대한 기억만큼이나 내가 씁쓸하고 수치스럽게 되씹게 되는 경험이다.

시위를 하다 잡혀가면 경찰이 연행된 사람들 수를 셀 때, 여성들을 '꽃잎 몇 개'라 했다. 기합이나 구타 등의 보복이 전경 버스 안에서 펼쳐졌다. 여성 시위대는 거기에다 성추행과 성폭력에 대한 공포가 추가되었고, 실제로 그런 일은 자주 벌어졌다. 광장에서 자주 부르는 노래 중에는 '딸들아 일어나라, 깨어라', '두부처럼 잘리어진 어여쁜 너의 젖가슴'이라는 가사가 있었는데, 나 자신을 대상화하는 그런 노래를 주구장창 불렀다. 야만의 세월이라 지칭되던 시절, 공권력도 대항 권력도 광장에서 여성을 그렇게 대상화했다.

알고 보면, 이런 대상화는 역사에서 유구한 것이

—

다. 인권의 역사를 공부하다 보면, 어김없이 등장하는 프랑스 혁명을 대표하는 그림이 들라크루아의 〈민중을 이끄는 자유의 여신〉이다. 이 같은 작품에 등장하는 여성은 '여신'이라는 상징일 뿐, 현실에서 정치의 주체로 광장에 나설 수 있는 여성이 아니다. 그 혁명가들은 혁명의 기운이 우위로 돌아서자마자 '여성은 집으로 돌아가라'며 여성의 정치 클럽을 일체 금지하는 포고령부터 만들었다. 1793년 국민공회는 여성의 모든 집회를 금지했다.

"모든 여성은 다른 명령이 있을 때까지 각자의 거주지로 철수할 것이다. 현 법령이 개시되고 한 시간 뒤 거리에서 다섯 명 이상의 여성이 발견될 경우 강제 해산될 것이다."

이런 단체금지령을 정당화하기 위해 국민공회의 한 의원은 "여자는 지적인 개념이나 진지한 명상 능력을 갖추지 못해 집안 살림과 자녀 교육을 맡도록 만들어졌다"고 말했다. '촛불 소녀'의 앳된 이미지는 깃발과 종이컵에 새겨져 광장과 시위의 순수성(?)을 강조하는 상징으로 쓰였지만, 촛불 광장을 열어젖힌 주인공이었던 현실의 그녀들은 '어린 게 무슨 정치를 하느냐?'며 단속당했고, 지금 여기에서 광장의 시민이 아니라 '미래의 시민'으로 불렸다.

—

박정희 정권의 폭압이 절정이었던 때에 저항의 포문을 열어젖힌 것은 여성 노동자들이었다. 1978년 동일방직 여성 노동자들은 소수 남성들이 장악해서 기업주에 순응하는 어용 노조에 맞서 자신들 손으로 자신들의 대표를 뽑아 만든 노조를 지키려 싸웠다. 이에 노조를 파괴하려는 사측은 깡패들(사실은 회사 측 남자 조합원들이었다)을 동원해 여성 노동자들에게 똥물 세례까지 퍼붓고 공장 밖으로 내쳤다. 여공이라 불리던 그녀들은 부당함에 맞서 끈질기게 싸웠고 동일방직 투쟁은 서슬 퍼런 유신 체제의 폭압에 맞선 대표적인 사건이다. 그런데 동일방직 여성 노동자들의 의미심장한 투쟁은 '여공들'을 향한 '똥물 투척' 사건으로'만' 회자되곤 한다. 여성의 몸과 거기에 끼얹어진 똥물, 똥물에 더럽혀진 몸은 여성 노동자들의 몸이 공적 광장에 적합한 몸이 아님을 확인시키려는 폭력이었다.

　　유독 광장에서 환영받는 여성의 몸은 '모성'으로서였다. 군사정권 시절, 광장은 늘 위험한 곳이었는데, 그곳에서 일말의 안전을 느끼게 되는 순간은 '민가협(민주화실천가족운동협의회)'의 '엄마들'이 앞에 섰을 때였다. '엄마들'은 '자식' 같은 시위대를 지키기 위해 늘 맨 앞에 섰고, 제일 용감했다. 독재 정권은 결국 무너졌다.

　　세계적인 인권단체로 알려진 아르헨티나의 '오월

———

광장의 어머니회(이제는 '할머니회'라 불린다)'도 그랬다. 군사독재 정권이 자식들을 납치해 갔고 어디에서 어떤 고초를 겪고 있는지 몰랐다. 아버지들이 '언젠가 돌아오겠지' '괜히 나서면 위험해' '불순분자들과 어울리면 안 돼'라는 핑계로 몸을 사릴 때, 어머니들은 자식을 찾겠다고 대통령궁 앞 광장에 끈질기게 모였고 하염없이 광장을 걸었다. '불법 집회' 개최 혐의로 체포되지 않으려면 쉬지 않고 광장을 걸어야만 했다. 독재 정권이 개를 풀기도 했고 말을 타고 덮치기도 했지만 걸음을 멈추지 않았다. 결국 아르헨티나의 군사 정권도 무너졌다. 이 여성들은 누구보다도 먼저 광장을 열고 용감하게 광장을 사수했다. 그녀들의 투쟁이 모성과 가족 관계로 치환돼야만 광장에서 여성은 존중받을 수 있는 것인가?

그런 세월을 뒤로하고 더 크고 많고 자유로운 광장들이 열리게 됐다. 그와 더불어 광장에 대해 도전하는 질문들도 많아졌다. 광장을 열고 지키는 것만큼이나, 광장에 대한 질문에도 주의를 기울여야 하지 않을까?

대의! 정의! 광장이 주목하는 목적과 의제들은 물론 중요하다. 하지만 그런 것들이 정당하다고 해서, 광장에서 표출되는 의지가 강력하다고 해서, 광장의 모든 것이 용인될 수 있는 것은 아니다.

혹자는 시위와 광장을 "정권의 정치적 신체를 극적으로 붕괴시키는 것"이라 했다. 그런 역사의 전환점을 만들어 낸 광장에 모인 사람들의 '의지'는 늘 뜨거웠다. 하지만, 그 의지에 '상호성'이 동반되었던가? 상호성은 상대방을 동등한 존재로 인정하는 데서 출발한다.

2008년 광우병 쇠고기 촛불집회에서는 군복 차림 예비군이 등장해 "우리가 지켜 줄게" "위험하니 여성분들은 뒤로 빠지세요"라고 했다. 과거에 '꽃잎'으로 저항 시민을 호칭했던 공권력처럼, 같은 참여자들이 그렇게 여성성을 펌하했다. 때로는 시위에 참여하는 여성을 '개념녀'라고 지칭하며 추켜세웠다. '개념녀'는 결코 칭찬이 될 수 없다. 동등한 광장의 구성원이 아니라 '기특하다'고 칭찬받는 하위의 인간이 되는 것이다.

세계적으로 '아랍의 봄'이라 불리는 대규모 저항의 광장에서, "사회정의나 자유를 요구하며 거리를 점거한다면, 너의 명예도 더럽혀 주겠다"며 광장에 등장한 여성들을 향해 심각한 성폭력이 자행됐다. 공권력만이 아니라 같은 시민인 남성들이 대거 참여한 성폭력이 광장에서 버젓이 자행됐다. 정도와 수준이 다를 뿐 공공의 광장에서 겪는 성적인 차별과 폭력의 속성은 같다.

—

한국에서도 시위나 광장에 참여한 여성들에 대한 성추행과 폭력에 대한 고발은 빈번하다.

2016년 촛불집회에서 들었던, 한 정치인의 "아녀자 정치"라는 발언이 아직도 내 귀에서 떠나지 않는다. "××년은 자기 판단 없이 정권을 아줌마 손에 쥐여 줬다.", "앞으로 100년 내로는 여성 대통령 꿈도 꾸지 마라.", "잘 가요 미스 박." 탄핵 정국에서 넘쳐난 말들은 국정 농단 사안에 대한 비판과는 과녁이 달랐다. 한 사람이 아니라 여럿이, 정치인 대통령에 대한 비판이 아니라 여성성을 비하하는 발언을 뇌까리곤 했다.

고질적인 공사 영역의 구분은 광장으로도 연장됐다. 연이은 주말 집회와 뒤풀이 덕분에 동문회가 활성화됐다는 소리가 들려왔다. 하지만 내 주변 여성들은 집회에 나가기 위해 육아와 살림을 조정하느라 곱절이나 힘들다고 했다. 남편은 몸만 빠져나가면 되고 잦아진 동문회에 신이 났는데, 자기는 곱절의 노동을 해놔야 간신히 집회에 나갈 수 있었다고. 집회의 추위와 피곤함보다, 그 전과 후에 챙겨야 할 집안일이 더 힘들다고 했다.

'의지'만 강조되고, '상호적인 행위'가 빠진 광장은 헛헛하다. 넓다고 광장이 아니고, 모인 사람이 많아서 광장이 아니라, 소속·출신·성별 등을 따지지 않고 공동의 세계를 함께 만드려는 포용의 광장이라야 진짜 광장이지 않을까. 인기 있는 이슈가 아니라 우리 사회의 어두운 구석을 조명탄처럼 비출 수 있는 광장이어야 숫자가 많은 광장보다 빛나는 광장이지 않을까.

마찬가지 의미로, 사람이 거의 모이지 않고 외면받는다고 해서 광장이 아닌 것은 아니다. 촛불집회의 규모와 성공에 취한 일부 사람들은 작고 초라한 광장을 외면하거나 성가셔한다. 그런 자리에는 늘 여성과 다양한 소수자 등 배제되고 밀려난 사람들이 있다. 중대성과 시급성에서 늘 아래 순위로, 나중으로 미루어 둔 문제들이 그런 자리에서 다뤄진다.

하지만 따지고 보면 정작 광장에서 밀려난 것은 누구일까? 상호적인 행위를 잃어버린 자들이 아무리 큰 광장을 차지하고 있어도 그게 광장일까? 밀려난 듯 보이지만 '새로운' 광장을 열고 상호성을 나누는 이들 사이에서 광장은 비로소 장소로서의 의미를 찾는 게 아닐까? 이런 광장에 명백하게 나타나는 것은 '여신'이 아니라 살아 움직이는 몸을 가진 여성들이다.

거리

거리는 대도시, 그리고 익명성, 활보, 자유……, 그런 것들로 묘사되곤 한다. 시골과 거리는 어울리지 않는다. 문밖을 나가도 죄다 아는 얼굴뿐인 곳에서는 조신한 걸음과 부자유만이 있을 것이다. 거리에는 사람들이 가득해야 한다. 그것도 날 전혀 모르는, 내가 누구인지 캐묻지 않는 사람들로 말이다.

이걸 잘 드러낸 수필이 버지니아 울프의 「길거리 떠돌기(Street Haunting)」이다. "내 친구들이 나라고 여기는 나의 껍데기를 벗으면서 익명의 떠돌이들로 구성된 거대한 공화국 군대의 일원이 된다"[1]며 울프는 자기를 옥죄는 정체성을 떠나 피신할 수 있는 곳으로 거리를 묘사했다. 한편으론 거리의 익명성을 찬양했다. "다른 사람들의 인생 속으로 어느 정도는 들어가 볼 수 있었다. 한 사람이 하나의 정신에 붙들려 있는 것은 아니라는 환상, 다만 몇 분간이나마 다른 사람들의 정신이나 육체를 빌릴 수 있다는 환상을 품어 볼 수는 있을 만한

정도였다. 세탁부도 될 수 있었고 술집 주인도 될 수 있었고 거리의 악사도 될 수 있었다."[2] 울프처럼 멋들어지지는 않지만, 나 또한 길거리 떠돌기로 말하자면, 경력이 남다르다.

어렸을 때부터 집 안에서 가슴이 답답해지면, 나는 무작정 밤의 거리 속으로 뛰어드는 습관이 있었다. 돈 문제로 부모님이 다투거나, 산적한 집안일에 울적해지거나 하면, 밖으로 나가 몇 시간씩 쏘다니다 오곤 했다. 우리 집보다 더 시끄럽게 툭탁거리는 남들 집의 소란에 위안받기도 하고, 완벽해 보이는 화려한 집 앞에서는 성냥팔이 소녀의 심정이 되기도 하고, 시장통의 악다구니에서 활기라는 걸 쥐어짜 보곤 했다. 그러다가 고요히 잠든 가족들 사이로 얌전히 숨어들어 그날의 모험을 복기하곤 했다.

고교 때 한 선생님이 해 준 조언은 초등학교 때부터 이미 쏘다니기의 달인이던 내게 더 불을 댕겨 주었다. "힘들다고 느껴지면, 돌아올 차비 같은 건 주머니에

1,2 버지니아 울프의 산문 「길거리 떠돌기」의 원제는 'Street Haunting: A London adventure'(1930)이다. 인용은 리베카 솔닛의 『걷기의 인문학』에서 재인용한 것이다.

절대 넣지 말고, 그냥 길을 나서라. 뒤꿈치가 질질 끌릴 정도로 지칠 때까지 그냥 쏘다녀라. 간신히 돌아오게 될 거고 시체처럼 잠들 수 있을 게다. 그러고 나면 개운해질 거다." 선생님 말씀처럼 힘든 날이면, 한밤중에 몰래 집을 빠져나와 새벽까지 쏘다니다 화장실에 다녀온 척 들어가곤 했다.

학생이라든가 직업이라든가 하는 사회적 신분이란 게 없던 시기에는 온종일 거리를 쏘다녔다. 한강 다리를 두세 번씩 건너기도 했고, 남산에도 여러 번 오르내렸다. 서울의 뒷골목이란 뒷골목을 지도 그리듯이 훑다 보면, 하루가 훌쩍 가곤 했다. 갈 곳도 부르는 이도 없는 사람에겐 시간도 장소도 아무런 의미가 없었다.

그렇게 쏘다니다 보면, 다 같이 익명에 싸인 사람들이라도 다른 점이 보인다. 종종걸음치며 어디론가 갈 데 있어 보이는 사람과 갈 데가 없는 나 같은 사람의 행동은 전연 다르다. 나는 횡단보도 신호를 놓치는 것에 개의치 않지만, 용무에 쫓기는 사람들은 그렇지가 않다. 돌아갈 자리를 갖고 거리에 있는 사람과 거리에 내몰린 사람의 어깨 모양은 다르다.

또한 느긋한 산책자와 배회자의 처지와 모양은 아주 다르다. 철학자들은 예로부터 산책을 찬양해 왔다. "우리의 첫 철학 스승은 우리 발", "산책에서 얻은 아이디어만큼 값진 것은 없었다"로 이어지는 루소, 니체, 소로 등 (남성) 철학자들의 산책에 대한 예찬은 끝이 없다. 현대 도시의 거리에 대한 예찬도 마찬가지다. '서로 다른 것들이 한 공간에 엮일 수 있는 개방적 연대성', '뜻밖의 만남과 차이를 만끽할 수 있는 공간' 등 거리에서의 활보에 대한 찬양은 쇼윈도의 전시 상품만큼이나 화려하다.

하지만 배회자의 처지에선 그런 말이 쉽게 나오지 않는다. 산책이나 활보가 아니라, 그건 어디에도 속하지 못한 사람의 불안한 서성거림이다. 집 안이 안전하지 않기에, 갑갑하기에, 가능성이 없기에 뛰쳐나와 보지만, 밖도 마찬가지다. 배회자는 거리에서도 단속된다. 산책자는 '보는 것'을 즐기고 '보는 시선'을 누릴 수 있다. 배회자는 자기가 어떻게 비칠지 전전긍긍한다. 타인의 시선에서 자유롭기도 어렵고 안전하기도 어렵다.

그런 탓인지, "울프에게 길거리를 걷는 일은 자신의 짐스러운 정체성에서 벗어날 수 있는 즐거운 경험이었다"는 리베카 솔닛의 말에 나는 선뜻 동의가 안 된다. 모든 것에는 양면성이 있다. 익명성도 그렇다. 그것은 누군가에겐 자유이고 해방일 수 있는 한편, 다른 누군가에겐 자기 이야기를 지속해서 써낼 수 없는, 이야

—

기에 대한 경청이 없는 고립일 수 있다. 나의 쏘다니기에는 정체성을 벗어나는 것이 아니라 정체성을 찾고 싶은, 누군가가 나를 알아봐 주고 내 얘기를 들어 줬으면 하는 결핍이 컸다. 그런데 거리에서 유독 밝혀지는 정체성은 보행과 배회에서 안전하지 못한 여성이라는 것뿐이었다. 너무 위험한 일을 겪은 날이면, '다시는 결코 다시는'을 다짐했지만, 또 거리로 탈출하곤 했던 건 위험을 무릅쓰고라도 밖으로 나가 숨을 토해 내야 했던 절박감이 작용했던 것 같다.

여성에게 '길거리 떠돌기'의 낭만은 그야말로 낭만 찾다 얼어 죽을 호된 대가를 치를 일이었다. 내가 '겁대가리'가 없었기에 감행이 가능한 것이었고, 요행히 아주 큰 일을 안 당했을 뿐이었다. 여성에게 활보의 자유는 없다. 이건 개인적 용기나 무릅씀의 문제가 아니라 사회적 · 제도적 안전장치의 문제이다.

뉴스에 실릴 정도의 일은 아니지만 결코 사소하다곤 할 수 없는 일을 셀 수 없이 겪었다. 훤한 대낮에도 추행은 예비 없이 들이닥치곤 했다. 친구와 도란도란 얘기하며 걷다가 어느 한 편이 그런 일을 당하면 서로가 울 것 같은 표정으로 헤어지곤 했다. "괜찮아. 잊어 버려"라고 말하지만 잊을 수 없다는 걸 서로가 안다. 벤치 같은 데 앉아 잠시라도 쉬자면 같이 놀자고 추근거

—

리는 이들이 있다. 진지한(?) 또는 낭만적(?)인 신청이 결코 아니다. 여럿이 에워싸고 위협하는 형태거나 여차하면 강제 보쌈이라도 할 듯한 험악한 분위기다. 거리 모퉁이는 밤이나 낮이나 공포영화의 예고편 같다. 갑자기 불쑥 튀어나와 놀라는 일이 많기 때문이다. 성기 노출을 한다든지, 불콰한 얼굴로 "여자는 다 죽여 버리겠다"고 설치든지, 소변을 난사한다든지……, '이 거리의 무법자는 나야'라고 설치는 악당들, 그들과 결탁한 보안관, 무관심한 시민들, 그리고 공포에 떠는 여성과 소수자들이 단골 출연하던 서부극 시리즈를 돌려 보는 느낌이다.

복기하는 것 자체가 고통인 일을 나서서 고발하는 것은 대단한 용기와 인내가 필요한 일이다. 그런 상황에 처한 여성을 가장 괴롭히는 말은 "위험하면 나다니지 마"라는 말이다. "나는 그런 일 겪은 적 없는데 너만 유별난 것 아냐?", "모든 남자가 다 그런 건 아냐"는 별책부록이다. '나는 그런 사람 아니다'라는 말로 빠져나가려는 것은 성차별적인 환경과 구조를 특수한 개인의 일탈로 내치는 것이다. 이런 태도는 문제와의 관계성을 부인하고 책임성에서 손 떼겠다는 선언이다. 어떤 사회문제를 놓고 개인의 일탈로 치부하면 편하다. 일탈자가 아닌 내가 책임질 일은 없다고 여기니 편한 것이다. '이상한' 개인을 마음껏 비난하기만 하면 되는 것이다. 자기가 경험하지 못했으면, 자기에겐 왜 그런 위험이 닥치지 않았을까를 생각해 봐야 하는데, 문제의 고발자를 의심해 버린다.

'위험하면 나다니지 마'라는 말은 쓰라린 데 소금 뿌리는 격이다. 거리는 공적인 장소다. 생계를 위해서든, 만남을 위해서든, 목적 없는 배회나 탐험이든, 누구에게나 열려 있어야 하는 곳이다. 거기서 물러나라는 건 삶을 포기하라는 말과 다를 바 없다. 거리에 대한 접근의 박탈은 삶의 박탈이고 배제이다.

거리의 성차별은 다양한 박탈과 배제로 변주된다. 거리에서 여성을 위협하는 폭력은 또 다른 약자들도 같이 겨냥한다. 유아차를 끌고 나온 여성, 지팡이를 짚거나 보행 보조기를 미는 노인, 복잡한 시간대에 돌아다닌다고 눈총받는 휠체어 이용 장애인 등은 거리의 활기를 정체시키는 귀찮은 존재가 된다. '네 존재가 성가시고 방해된다'는 메시지가 날아다니는 거리는 '잔인한 거리'가 아닐 수 없다. 많은 외국인이 한국을 밤새 놀곳이 지천인 '안전한' 나라라고 한다지만, 그 안전에서 배제된 사람들에게는 그 말이 쓸쓸하게 들린다. '밤새워 놀아도 안전한 거리'라는 평가에 성별의 잣대를 들이대도 과연 안전을 자부할 수 있을까? 노부모를 모시고 관광 왔다는 어느 외국인이 이동 약자가 돌아다니기에는 너무 힘든 거리 구조 때문에 관광을 포기했다는 인터뷰 기사를 봤다. 이런 얘기는 흘려듣는 것 아닐까?

거리의 안전을 위해 내몰아야 할 것은 여성이 아니라 성차별적 구조이고 걸리적거리는 것은 이동 약자가 아니라 약자 배제적인 환경이다. 하지만 그런 문제를 무시하거나 없는 셈 치는 거리의 포식자들은 엉뚱한 대상을 공격하려 한다. '거리 청소년', '거리 여자', '거리에서 사는 사람(노숙인)' 등 특정 집단에 '거리'가 붙을 때면 사회가 위험시하고 경계하는 표시가 된다. 거리가 고급화되고 구획 짓기가 차별화될수록 약자들은 접근이 어려워진다. 법 집행 공무원이나 조폭, 주취 난폭자 등의 위협, 그리고 외관상 번듯해 보이지만 냉정한 사람들의 퇴장 압박에 취약해진다. 여기에 여성이라는 성별까지 추가되면 낙인과 취약성은 곱절이 된다. 거리로 나온 소녀, 홈리스 여성, 폐지 줍는 여성 노인들은 물론 전단을 나눠 주는 노동, 살아 있는 마네킹처럼 움직이는 판촉노동, 노점노동 등 거리에서 노동하는 여성들은 주요 공격 대상이자 착취의 대상이기도 하다. 취약함이 범죄성의 지표로 둔갑하여 흔히 사용되기도 한다. 유엔에서는 이것을 '빈곤의 형벌화'라 명명하기도 했다. 가난하고 취약한 것도 억울한데, 그걸 범죄 요인으로 단속하는 것이다.

경계해야 할 표지가 엉뚱한 데 붙었다는 생각이 든다. 위험을 무릅쓰고라도 차라리 거리가 나은 사람들과 그들만의 특별한 처지가 있다. 약자에게 붙은 위험 표시는 그들을 배제하고, 그럼으로써 더 큰 위험에 빠뜨린다. 경고는 다른 곳에 붙여야 한다. 눈을 부릅뜨고 노려봐야 할 것도 거리에서 취약한 사람이 아니라 공간을 기획하고 구획하고 점령하는 쪽이 아닐까.

위험에도 불구하고 나는 여전히 이따금 밤거리를 쏘다닌다. 나름의 노스탤지어 여행이랄까. '어, 여긴 뭐가 있었는데 바뀌었네', '저분은 아직도 저 일을 하고 있구나', 이런 식으로 확인해 보는 거리 쏘다니기다. 그중 어느 날 밤 겪었던 일을 잊을 수 없다. 자정이 다 됐지만, 잠이 오지 않았고 내 청춘을 보낸 거리에 나가 보기로 했다. 졸업 후 거의 찾지 않았던 곳, 내가 누볐던 구석구석의 현주소를 괜스레 확인하고 싶어졌다.

이 거리엔 골목마다 쌀떡볶이 포장마차가 즐비했었는데 한 개도 안 보인다. 도대체 전부 어디로 사라졌지? 그때 저기 포장마차 하나가 보인다. 아! 떡볶이 마차다. 전혀 배고프지 않았지만 단 하나 눈에 띈 마차를 지나칠 수 없었다. 그 포장마차 자리가 내게 사연 있는 곳이어서다. 떡볶이 한 접시를 시키고 앉아 있으니 옆 손님이 가관이다. 넥타이를 맨 두 남자인데 완전 '꼴라'다. 부하 직원으로 보이는 이는 계속 알랑방귀, 상사 같은 놈은 계속 처먹으면서 여기 '카드 되냐'는 헛소리다. 둘은 사라지기 전 마차에 매달아 놓은 휴지를 뭉치째 가져갔다. 뒤치다꺼리하는 주인아주머니의 한숨이 깊다.

문득, 묻고 싶어졌다.

"여기서 장사 얼마나 하셨어요?"

"대답하기 싫다. 너무 지겹게 오래 해서. 창피해서도 말 못 한다. 그냥 오래 했다고만 한다."

"네……. 저 그냥 지나가다가 옛 생각나서 들렀어요. 저 어렸을 때, 엄마랑 이 자리에서 장사하시는 친구 분 찾아뵈러 같이 온 적 있어서요."

"엄마 이름이 뭔데?"

갑자기 불안해졌다.

엄마는 화장품 외판원이었는데, 그 당시 외판원은 동네방네 외상을 깔아 놓고(그냥 물건 대주고) 수금을 하러 다니는 게 일이었다. 엄마는 수금하기 어려운 집에 밤늦게 갈 때면 늘 나를 데리고 다녔다. 엄마도 밤길이

무서웠던 거다. 어느 날 저녁, 수금에서 내내 공친 엄마가 장사하는 옛 동료에게 간다 했다. 화장품 외판원을 때려치우고 포장마차를 차린 동료가 있다 했다. 그렇게 간 곳이 바로 그 포장마차 자리였다. 혹시나 했는데, 그 아주머니가 같은 자리에서 여전히 장사를 하고 있었던 거다. 나는 어리석게도 묻고 말았다.

"그리 오래 하셨는데 자제분들이 말리지 않으세요?"

"지들도 먹고살기 바쁘지. 내가 달리 할 일이 있으면 모르겠는데 이것밖에 할 줄 모르니 계속 해야지 어쩌겠냐? 지겨워 죽겠다. 지겨워. 그래도 어쩔 수 없지."

못 잡아도 30년 이상, 40년 가까이 거리에서 버텨낸 사람, 그분에게 이 거리는 세상으로부터 닫힌 곳일까, 세상으로 열린 곳일까? 안락하지는 못해도 최소한 안전하기는 했을까? 이 거리에서 겪는 여성들의 환란을 빠짐없이 목격했을 것 같은 마차는 '지겹다'고 하면서도 내일 밤 또 열리겠지? 잔인하고 편향된 거리에 대한 고발을 그치지 않고 다시 또다시 거리로 나오는 여성들처럼 말이다.

쇼핑센터

"이모님! 오늘은 뭐가 필요하세요?"

자주 가는 동네 마트 입구 생선 가게 주인장이 날 부르는 소리다.

'어라, 오늘은 이모님이네.' 지난번에는 '어머님'이라 불렀고, 또 다른 때는 '사모님'이라 했다. '이모님'이라 하는 걸 보니 내가 오늘은 좀 더 젊어 보이나? 계산대에 줄 서 있자니, 출납원은 "이거, 어머님 거예요?"라고 묻는다. 아, 다시 어머니구나. 난 '엄마'가 아닌데. 왜 가는 곳마다 날 어머님이라 부를까? 날 '유사 가족'이라 여겨서인 것은 아닐 테고, 아마도 내가 사는 물건이 상차림에 관한 것이고, 그걸 전담하는 사람은 가정주부라 여겨서일까?

스포츠용품점에 운동복을 사러 간다. 역시, "어머님, 누가 입을 거 찾으시나요?"라고 묻는다. 아들이나 남편 것 사러 왔다는 답을 기대하는 것 같다. 물론 나에게는 둘 다 없다. "제가 입을 건데요"라고 하면 갸우뚱

하며, '당신이 입을 건 여기 없어'라는 무언의 몸짓을 한다. 내가 다년간 피트니스 경력자이고, 그간 닳아 해진 운동복이 많다는 걸 구구절절 설명할 수는 없다. 나에게 필요 없는 물건을 찾는 사람으로 이미 판단당해 버렸으니 쇼핑의 흥은 진즉에 깨졌다.

상인이나 판매 노동자가 나라는 소비자를 부르는 말에는 많은 것이 담겨 있다. 특정 물건이 자리 잡은 장소에는 그 장소에 어울리는 역할이 있고, 그 역할과의 관계를 추측하여 나를 부른다. 장소에는 드레스 코드란 게 있다. 시간, 장소, 상황에 어울리도록 옷을 갖춰 입어야 한다는 말이다. 드레스 코드는 입는 옷에만 해당되는 게 아닌 것 같다. 특정 장소에 어울리는 몸이 있고, 장소는 그 사람 자체의 어울림 여부를 지정한다.

시장이나 쇼핑센터에서 돈만 있으면 뭐든지 살 수 있다는 말은 일부만 맞는 말이다. 내 돈을 쓰는 일임에도, '당신이란 존재가 지금 이 시각에 여기 있는 게 어울려?'라는 눈치를 느끼곤 한다. '당신이 골라야 할 것, 선택해야 할 것은 누군가를 위한 것이지, 당신 자신을 위한 것은 아니'라는 압력을 받곤 한다. 또는 '손님에겐 필요 없을 것 같은데' 혹은 '부담스러울 것 같은데'라는 눈치가 보이면, 순간의 '존심'을 추어올리기 위해 쓸모 따원 신경 안 쓰는 척, 가격 따위 아무렇지 않은 척 과시적으로 상품을 사 버리곤 한다. 돈을 썼으니 나는 이 장소에서 불청객이 아니라는 항의의 의미이기도 하다. 쇼윈도 마네킹의 옷을 갈아입히듯 그 장소에 적절한 손님이 되기 위해서는 역할 연기가 필요하다.

어쨌든 쇼핑이 소비의 즐거움이나 돈 쓰는 재미라는 건 특정한 일부에게만 해당하는 일일 게다. 여성으로서 나의 쇼핑의 대부분은 또 하나의 노동일 때가 많다. 분주한 가운데 꼼꼼하게 챙겨야 할 일상의 자질구레한 생필품은 왜 이리 많은지 모르겠다. 냉장고를 채워 놔야 하는데, 사무실에 뭐가 또 떨어졌네, 맞아! 그걸 빼놓고 그냥 와 버렸네. 언제 또 틈내서 가야 하나…….

사상가 이반 일리치는 '그림자 노동'에 대해 말했다. 그에 따르면, 그림자 노동은 임금노동의 보완물인데, 산업사회가 재화와 서비스를 생산하는 데 필수적인 보완물로 요구되는 무급노동이다. 그림자 노동의 대표적인 예로는 가사노동, 장보기, 어쩔 수 없는 소비로 인한 스트레스 등이 있다. 하지만 이런 활동은 노동이라기보다는 필요 충족 행위로 간주되기에 무시된다. 이런 일리치의 개념을 따온 『그림자 노동의 역습』이라는 책에서는 "고객이 일하는 시대"라 말하며 쇼핑센터의 예를 들고 있다. 오늘날의 매장에서는 고객이 알아서 해야 할 무급노동이 많다. 소비자는 상품의 특징과 한계, 필요조건, 경쟁 우위와 경쟁 열위, 보증 기간 등에 대해 스스로 알아내야 한다. 일부 소비자는 집에서 온라인 검색을 통해 이 일을 한다. 쇼핑에 지쳐서 잠시 음료라도 마시며 쉬거나 끼니라도 때울라치면 키오스크에 스스로 입력해야 하고, 서빙 노동자가 따로 없기에 치워지지 않은 테이블을 스스로 치워야 한다. 주문 벨이 울리면 부리나케 달려가서 쟁반을 날라야 하고 먹고 나선 또 치워야 한다.

쇼핑을 즐긴다는 젊은 세대의 소비 활동을 곁눈질로 겪어 본다. 발품을 팔아 여러 매장을 섭렵한 다음, 마음에 맞는 모델을 고른다. 그리고 집에 와 인터넷으로 그와 비슷한 것을 주문한다. 발품이 싫다면, 하염없는 클릭으로 손품을 팔아 만족할 때까지 비교하고 또 비교하여 선택한다. '머스트 해브 아이템'을 갖추기 위해 소비한 시간만큼 만족한다. 그런 시간의 소비가 자신의 노동이라는 생각은 잘 하지 않는 것 같다.

따지고 보면, 소비 활동도 성차별화된 노동이다. 성차별화됐다는 건 꼭 여성이 해서만이 아니라 수발에 해당하는 노동으로서의 쇼핑과 그렇지 않은 쇼핑 간 역할 구분과 격차가 크다는 말이다. 생활필수품을 제때 채워 놓기 위해서, 신선한 먹을거리를 대령하기 위해서, 날씨 변화에 따른 옷과 부대용품을 장만하기 위해서……, 이런 식으로 쇼핑하는 일은 취미나 즐거움이 아닌 수발노동이 된다. 이리 재고 저리 재며 아쉬운 것부터 해결해야 하는 쪼들리는 상황에서는 말이다.

나에겐 세상에서 가장 힘든 일이 엄마와의 쇼핑이고 반대로 제일 쉬운 일은 아빠와의 쇼핑이다. 철에 맞는 겉옷이나 신발이 없다고 한탄하셔서, 부러 쇼핑센터에 모시고 가면, 엄마는 이것저것 만지작거리기만 하고 결정을 못 한다. '맘에 드는 게 뭐냐'는 물음에는 답이 없고, '얼마인지'만 자꾸 확인한다. 인내심이 바닥날 무렵, 느닷없이 '아빠 카디건이나 하나 사자'는 결론이 튀어나온다. 반면, 아빠는 자식에게는 '젤 좋은 걸 사 달라'고 하고, 매장 직원에게도 '여기서 젤 좋은 게 뭐냐'고 당당하게 주문한다. 엄마는 쇼핑에서 돌아온 후 마음으로 쇼핑을 계속한다.
"아까 그거 참 좋았는데……."
"그럼 왜 안 샀어?"
"아니, 그냥……."
나의 현실의 쇼핑은 이러한데, 또 다른 세계의 쇼

핑은 여자의 취미 생활이나 과소비로 과장되고 여성혐오의 표적이 되곤 한다. 2000년대를 열어젖힌 대표적인 여성혐오 표현은 '된장녀'이다. 분수에 맞지 않는 소비 행태를 보이는 여성을 비하하려는 의도의 표현이다. '분수'에 맞지 않는 소비의 대표 격은 커피와 핸드백이다. 커피는 흔히 '밥 한 끼보다 비싼'으로 표현되는 기호식품이고, '핸드백'은 '기저귀 가방'이나 '장바구니'처럼 성 역할에 필수적인 물건이 아닌 여성 자신의 기호와 취향에 따르는 사치품이기 때문에 주로 지목된다.

사실 쇼핑과 연관된 여성 비하의 역사는 길다. 아주 옛날 할리우드 영화에서도 '독립'을 선언하는 중산층 여성에게 남편이 던지는 협박이자 회유의 한마디는 지금과 다르지 않았다.

"당신은 신용카드랑 백화점 없이는 못 사는 사람이잖아?"

숱한 한국 드라마에서 욕구불만의 '사모님'들은 명품을 하염없이 쇼핑한다. "이거, 이거, 이거. 여기 있는 거 몽땅 다 줘요" 따위의 대사를 호기롭게 내뱉고, 집에 돌아와선 "거봐. 당신은 쇼핑 없이 못 산다니까. 그러니까 날 못 떠나."라는 말을 듣는다.

노동으로 소비하든, 기호 또는 과시로서 소비하든,

—

어쨌든 간에 여성은 소비의 주체로 대접받지 못하는 것 같다. 오히려 쇼핑의 장소에서 여성은 소비의 '대상'이 되는 경험을 더 많이 한다. 쇼핑 장소를 차지하는 많은 광고 사진, 이미지, 홍보 문구 속에는 대상이 된 젊고 예쁘고 날씬한 여성들, 혹은 '엄마 마음'을 보증하는 특정 역할에 충실한 여성들로 넘쳐난다. 그런 여성 대상화의 이미지가 가득 찬 쇼핑 장소는 표준화·정상화의 압박이 고조되는 곳이다. 저 사이즈, 저 나이대, 저 취향에 속하지 않으면 예외이고 비정상이라는 압박 말이다. 소비는 단지 물건을 사거나 쓰는 행위에만 국한되지 않는다. 사람은 소비하는 대상의 이미지나 상징 등의 요소도 같이 산다. '하얘져요', '젊어 보여요', '늘씬해 보여요' 같은 광고 문구가 그렇다. 내가 아무리 특대형 속옷을 사더라도 상자 겉에는 뱃살이라곤 찾아볼 수 없는 여성 모델이 포즈를 뽐내고 있다. '가족의 건강을 생각하는 현명한 주부의 선택'이라는 문구는 이미 앞장서 여성의 선택권을 행사하고 있다. 같은 먹거리라도 '아이들 영양 간식, 아빠 술안주' 식으로 여성만 빼놓고 먹을 사람이 지정돼 있다. 어쩌다 먹는 사람에 끼워 줄 때면, '엄마를 위한 다이어트'라고 쓰여 있다. 술안주로 그 물건을 집어 든 비혼 여성인 나는 묘한 어그러짐을 느끼곤 한다. 속옷과 과자 하나를 사는데도 존재의 배

—

반을 느끼는 나는 어떤 소비자인지 자괴감이 든다. 먹거리와 생활용품을 잔뜩 쟁인 거대한 카트를 미는 여성들을 보면 소비를 하는 것인지, 소비'노동'을 하는 것인지 헷갈리기도 한다. 저 많은 걸 누구의 욕망으로 구매했고, 누구를 위해 사용하며, 최종적으로 나올 폐기물을 처리하는 과정은 또 어떨지, 그건 소비의 효용일까 소비의 대가일까?

반대로 '즐긴다'는 여성의 쇼핑은 어떨까? 쇼핑센터나 백화점에서 가장 화려함을 자랑하는 곳은 여성복과 그에 따른 구두나 핸드백 등 코디용품 코너다. 『소비의 역사』라는 책에는 소스타인 베블런의 『유한계급론』에 기대어 여성 의복의 사치를 분석하는 부분이 있다. 옛 시대극을 보면 유럽 남성의 복장은 엄청 화려하다. 요염한 스타킹, 깃털 모자, 레이스가 풍부한 소매 등 공작새가 따로 없을 정도다. 프랑스 혁명은 그것을 바꿔놓았다. 귀족 신분을 과시하는 복식이 억압되고, 부르주아 복장을 기본으로 한 단순하고 통일된 형태의 허식 없는 옷이 등장하게 된 것이다. 남성복이 포기한 모든 것은 여성복에 전가됐다. 18세기 지식인들은 '사치'를 정치적 악덕이라 비판하며 거리 두기를 했지만, 여성에게는 수수한 옷을 강요하지 않았다. 그런 사회에서 사치의 상징인 화려한 옷을 입는 여성은 자연히 남성보다

도덕적으로 열등한 이등 시민이 될 수밖에 없었다. 18 세기 초에 이미 쇼핑 중독증을 보이는 여성들이 나타났다. 남성은 여성에게 아름답고 호화롭게 치장한, 그런 옷이 잘 어울리는 연약한 존재이기를 요구했다. 남성은 사회적 분위기 때문에 노골적으로 부를 과시할 수는 없었고 대신 아내나, 딸, 연인을 통해 자신의 지위와 금전적 능력을 드러내고자 했다는 것이 베블런의 의견이다. 근대 여성에게는 '소비하는 일'이 허락되었지만, 그 소비는 언제나 '대리적'일 뿐 여성의 본질이 될 수는 없었다는 것이다. 이런 해석을 보면서 문득 어느 드라마의 남주인공 대사가 떠올랐다. "여자의 핸드백은 남자의 자존심이야"라고 했던가.

하지만 여성이 그리 호락호락 소비의 대리자 구실에만 머물렀을 리 없다. 반전을 펼친 양식은 다양했다. 그중 하나가 성별 복식 파괴운동이다. 우리가 폄하하는 '몸뻬'식으로 생긴 바지 스타일의 등장은 성차별에 저항하는 의도에서 입기 시작한 '튀르크식 드레스'였다고 한다. 세계대전이 발발하고 여성이 남성의 영역에서 본격적으로 일하게 되면서 아라비안나이트의 그 옷은 '일하는 바지'가 된 것이다.

소비자는 다른 곳의 생산자 이름이고, 쇼핑할 때

—

면 누구나 소비자가 된다. 소비에 부가가치를 더해 주는 것은 쇼핑센터에서 응대하는 노동자의 태도이다. 이건 감정노동으로 분류되곤 하고 대다수 종사자의 성별은 여성이다. 만약 판매 노동자의 지정 성별이 여성이 아니더라도 사회적으로 '여성화된 노동'을 하고 있기에 여성에 상응하는 대우와 취급을 견뎌야 한다. 우리는 소비를 하면서 상대방의 감정노동도 구매하고 있다. 그 노동자들은 내게 '고객님'이라는 과잉 호칭을 쓴다.

요즘 시대엔 그렇게 생각하지 않지만, '고객'이나 '손님'이라는 말에는 지금과는 다른 의미가 담겼었다고 한다. 단지 물건을 사거나 서비스를 받는 사람이란 뜻만이 아니라 '사회적 상호작용'을 하는 사람, '관계 속에 있는 사람'이라는 뜻이었다고 한다. 소비자로서의 정체성은 노동자의 그것과 뗄 수 없는 관계에 있다. 소비자이자 동시에 응대하는 노동자로서 시장과 쇼핑센터에 가장 많이 등장하는 존재는 여성이다. 다수일 뿐 아니라 그 장소를 떠받치는 역할을 하면서도 왜 괄시받기는 매한가지일까?

페미니즘은 이분법에 도전하는 사상이다. 만드는 인간과 소비하는 인간의 이분법도 예외는 아닐 것이다. 여성의 소비를 아무리 왜곡하여 공격한다 해도 여성은

—

96

생활에 필수적인 소비의 담당자이자 자신을 위해 소비할 수도 있는 당당한 주체이다. 그런 여성은 수동적으로 소비의 공간에만 머무는 것도 아니고 조종된 소비만을 하는 것도 아니다. '여자라서 알아요'라는 말은 '소비를 해봐서 알아요'로 바꿀 수 있다. 써 보면서 알게 되는 것과 만들어서 아는 것 사이에는 위계가 없고 둘 사이는 무 자르듯 잘리는 관계가 아니다. 쓸 것을 상상하며 만들고 쓰면서 만듦새를 분석하게 된다.

성별을 떠나서 제작하는 사람보다 소비하는 사람이 다수인 게 지금의 세계이다. 생산에서의 관계뿐 아니라 소비에서 맺는 관계, 소비에서 드러나는 의사소통과 상호의존이 중요해졌다. 소비를 통해 사회적 위치를 드러내고 끝없이 경쟁하는 관계에 소진되느냐, 그게 아니라 소비에 내재한 잠재성을 개발하느냐가 우리 삶의 중대한 도전이다. 소비를 통해 관계 맺기의 다른 양식을 개발하고, 자원의 보존과 낭비를 고민하고, 생산자에 대한 평가와 도전, 불매운동 등 소비에 내재된 주체적 행위 가능성은 크다. 그런 가능성을 쇼핑하는 매장의 VIP 고객이 되어 보자. 이런 소비는 결코 누구의 '대리'를 하는 게 아니기에 중독되어도 별 상관없을 것이다.

———

여행지

따르릉 따르릉! 전화벨이 새벽 공기를 짜증스럽게 찢어 놓았다. 놀람과 짜증에 수화기를 낚아채 "여보세요"라고 말하자마자, 전화는 바로 뚝 끊겼다.

뭐지?

잠은 달아났고, 나는 이 상황에 대해 추리를 해보았다.

그 전날 나는 야심 차게 섬진강 도보 여행에 나섰다. 지도 보기에 무능하고 길눈이 어두운 탓에 섬진강 길을 찾지 못하고 트럭들이 쌩쌩 달리는 국도 언저리만 헤맸다. 교통편이 끊겼기에 낯선 동네 모텔에서 밤을 보낼 수밖에 없었다. 다 해진 복도 카펫이나 불안한 방문 손잡이가 거슬렸지만, 해가 졌으니 어쩔 도리가 없었다.

새벽 4시. 이 시간에 대체 누가, 무슨 이유로 내 방에 전화를 걸었을까? 다른 손님의 기척이 거의 느껴지지 않는 숙소였기에 카운터에서 걸었으리란 의심이 갔다. 돈을 치를 때부터 나를 불길한 눈으로 살피던 주인의 태도가 떠올랐다. 아하, 여자 혼자 여행을 하니까 혹시 자살이라도 하러 온 것 아닐까, 그런 생각을 했겠구나. 새벽 4시에 전화한 건 내가 살아 있는지 확인하려는 거고. 이렇게 추리의 고리를 맞추고 나니까 맥이 탁 풀렸다.

"남편은 어디 두고 왔어요? 싸웠어요?"
나 홀로 여행에서, 가장 많이 들었던 질문 중 하나다. 하지만 자살 시도자로 취급받은 느낌에는 그런 질문들의 불쾌감을 몽땅 뭉쳐도 대적이 되지 않는 무엇이 있다. 그것은 폭풍 같은 일을 제쳐 두고 떠나온 나의 행동을 수치심과 죄책감의 보자기로 꽁꽁 싸맨다.

낯선 장소와 낯선 이들과의 벼락같은 만남, 길 위에서의 우정, 아무 데서나 뒹굴고 아무 데서나 먹어도 되는 자유, 모험, 도전, 변신……. 여행에 따라붙는 이런 묘사들에는 성차가 보이지 않는다. 그러나 유니섹스 디자인의 옷과 달리, 성별 구분이 없는 대부분의 것들은 여성, 남성 모두를 수용하는 것이 아니라 남성의 경험만을 대변한다. 성차화된 상황은 여행지를 아주 달리 경험하게 한다. 누구에겐 낙원 같은 장소가 누구에겐 지옥의 장소가 될 수 있다. 영화 〈델마와 루이스〉에서 주인공들이 도망갈 수 있는 지름길을 버리고 애먼 데로 돌아서 가는 이유가 강간을 당했던 장소를 차마 다시 지나칠 수 없었기 때문이었던 것처럼 말이다. 그럼에도 여성들은 여행을 시도하고 감행해 왔다. 저마다의 인생만큼이나 여행의 사연도 다를 것이다.

나의 여행 역사를 돌아본다. 동네 밖조차 나가 보지 못하고 시내버스도 혼자 탈 수 없었던 어린 시절부터 이미 여행을 꿈꾸었다. 그 무렵 내 여행의 대리인은 동화 속 주인공들이었다. 빨간 머리 앤, 알프스의 소녀 하이디, 이상한 여행에 휘말리는 닐스, 방랑 소년 라스무스, 엄마 찾아 삼만 리의 마르코……. 어린 주인공들은 사연 많은 여행을 꿋꿋하게 해냈다. 그중 내가 가장 좋아하는 여행은 앤의 것이었다. 그것은 '장소'라 할 수 없는 곳을 떠나 자기만의 장소를 만들기 위해 떠나는 길이었다. 앤이 꿈꾸는 새로운 장소의 지붕, 가는 길마다 처음 만나는 것들에 이름을 붙이는 행동……. 그런 것들이 모두 좋았다. 언젠가 나도 커서 내 힘으로 여행을 할 수 있게 되면, 즉, 나의 장소를 떠나 새로운 장소를 찾으러 가게 되면, 저런 식으로 이름을 새로 붙이겠다고 꿈꾸곤 했다.

하이디의 여행은 슬펐다. 처음엔 할아버지에게로, 다시 이모 손에 이끌려 낯선 도시 낯선 집으로, 병에 걸려 다시 할아버지에게로, 하이디의 여행은 '짐짝' 같은 것이었다. 이주노동을 떠난 엄마를 찾아가는 마르코의 여행은 아주 고통스럽지만 대단한 성장기이다. 그리고 이건 남자아이의 여행이다. 마르코는 떠났지만 동시에 떠나지 않은 것이기도 하다, 여행의 목적지가 사랑하는 엄마 품이기 때문이다. 엄마 품이라는 최고의 장소에 도착하기 위해 마르코는 거친 항해도 배고픔도 긴 걸음도 참아 낸다.

마르코의 여행에서 어느 여성학자가 해 준 말이 떠올랐다. 남자는 돌아오지만 여자는 돌아올 수 없다는 게 남녀의 길 떠남의 차이라고 했다. 남자가 속한 장소는 원래 남자의 소유이고, 그 장소는 남자의 방황과 도전과 성장을 기대하며 기다려 주지만, 여자는 장소를 버려야만 떠날 수 있다 했다. 그 장소는 제 것이 아니기에 우선 버려야 여자는 자기 자신이란 걸 찾을 수 있다. 그 장소에 속한 알량한 지분이라는 것도 일단 '버리고' 떠나게 되면 회복할 수가 없다. 여자의 떠남과 방황은 장소를 저버리는 행위이고 장소를 가꾸고 기다려야 할 본분을 저버리는 것이기 때문이다.

도전과 성장을 위한 여행은 교양과 수련의 행위로서 예로부터 유행했다. 우리가 읽는 고전의 저자들과 지식인들은 대개 어려서부터 여행으로 교육받았다. 하

—

지만 여성들은 '보호자'(나이 지긋한 여성, 부유한 친인척)의 동반 없이는 길을 떠나는 것 자체가 어려웠고, 가난한 경우에는 부유한 여행자의 말벗 내지 시녀 노릇에 머물렀다. 내가 자라면서 본 할리우드 영화들 속에서 여성들의 여행은 부자 애인을 만나 결혼하기(신데렐라 되기), 사랑의 도피행(결국 비참한 최후를 맞게 되는), 혹은 폭력 남편이나 죽음의 위협 등 절박한 위험으로부터 도망치는 '장소 벗어나기'였다. "여기서 나가자(get out of here)"가 할리우드 영화에서 제일 많이 쓰인 대사라는데, 여성들 여행의 시작도 '일단 여기를 벗어나자'가 아니었을까. 도전하고 성장하여 원래 장소로 '돌아오고' '환영받는' 결말은 없었던 것 같다.

대리인들을 통한 간접 여행의 시대가 가고 내가 직접 여행하게 됐다. 그 사이 세상도 여행도 많이 달라졌다. 지금은 나뿐 아니라 많은 여성이 자기만의 여행을 하고 있다. 특히 해외여행이 기성복 같아진 세상이다. 한국에서 해외여행 자유화가 된 건 1989년의 일이니까 짧은 사이 엄청난 변화가 생긴 것이다. 저가 항공과 패키지를 비롯해 여행을 쉽게 쓸 수 있는 '소비재'로 만든 장치들이 영화 한 편 보듯 여행을 '해치우게' 만들었다. 더 쉽게, 더 빨리, 더 싸게 여행을 구매할 수 있게 되었다. 이제 사람들은 순례, 도피, 효도, 휴식, 공부, 일탈, 과시 등 다양한 목적으로 여행을 하고 있다. 나 또한 이런 대열에 끼여 여기 열거된 여행을 죄다 섭렵했다.

나는 나름 효도여행 전문가이다. 부모님 환갑부터 칠순까지 매년 내가 모든 걸 계획하고 인도하는 여행을 했다. 효도여행은 성 역할극의 정점에 해당하는 장르이다. '딸이 있어야 비행기 탄다'거나 '딸이 최고'라는 판타지를 실행하는 것, 여행지에서도 계속되는 엄마의 '알뜰살뜰'과 싸우는 것(입장료가 아깝다고 명승지 관람을 거부한다거나, 갖고 싶어 만지작거리면서도 끝내 자기를 위해 아무것도 사지 못하거나…), 엄마가 황혼육아를 담당하는 어린 조카가 여행지에서 까탈 부리는 통에 더 고된 육아노동, "아빠는 엄마를 여행시켜 주기 위해 붙은 덤일 뿐"이라는 나의 독한 말에도 불구하고 이것저것 대령하라며 손가락 까딱 안 하는 아빠 수발노동……. 여행지에서 엄마가 최고 만족을 표하는 순간은 호텔이나 식당 밥을 먹을 때이다. 끼니때마다 뭘 차려야 할지 걱정안 하고 누가 차려 주는 밥 먹는 게 제일 행복하다 했다. 효도여행은 엄마에 대한 연민과 아빠에 대한 분노, 수발노동에 소진된 나로 귀결되곤 한다.

공부를 위한 여행에서는 쉴 수가 없다. 해외의 인권단체에서 연수하느라 수개월씩 타국의 도시에 머문 경험이 몇 차례다. 가난한 인권단체의 주머니로 버티는 일이기 때문에 유희 같은 건 생각도 못 하고, 귀한 시간을 허투루 써서는 안 된다는 생각에 밤을 지새워 콩나물 대가리 같은 외국어와 씨름하곤 했다. 뉴욕의 컬럼비아 대학 인권센터에서 연수할 때는 허드슨 강이 보이는 국제기숙사 방에 있었는데, 국제인권법을 공부하다가 밤을 새우곤 했다. 창밖으로 새벽 여명이 붉게 스며드는 강과 하늘이 정말 아름다웠다. 그런가 하면, 해가 뜨고 지는 걸 느낄 수 없는 런던의 어느 다락방에서 본 칙칙한 하늘은 막막한 미래와 같았다.

그 공부 여행에서 딱 한 번 외도를 했는데, 내가 최고로 좋아하는 소설 〈제인 에어〉의 배경인 브론테 마을에 들렀던 일이다. 아쉽게도 거센 눈보라 때문에 꿈에 그리던 황야 탐보는 불가능했고, '폭풍의 언덕' 근처에도 갈 수 없었다. 숙박료가 없었던 나는 마을에 도착하자마자 되돌아 나와야 했다. 그 후 20년이 지나서야 다시 그곳에 갈 수 있었다. 브론테 자매가 살던 집 옆에 있던 식당은 그대로였다. 메뉴도 똑같았다. 서빙하는 여성도 그대로였다. 벽도 화장실도 예전보다 낡고 그 여성도 나이가 들었다는 것만 빼고 말이다. 그사이 나는 얼마나 변한 것일까.

도피 여행은 최고조로 바쁠 때, 나의 답변을 기다

—

리는 사람들로 메일함이 차고 넘칠 지경이 되었을 때 저질러야 제맛이다. 한밤중에 갑자기 항공권을 지르고 이른 아침에 떠난다. 공항 가는 길에 핸드폰으로 '미안하다. 더는 견딜 수 없어 잠시 떠난다. 돌아온 후에 반드시 일을 마무리하겠다. 너그럽게 이해해 주길 바란다'는 메시지를 하염없이 보낸다. 그런 뒤 전화기를 꺼버리고 여행지에서는 절대 켜지 않는다. 돌아오면, 공항버스에서 크게 심호흡을 하고 전화기를 켠다. 걱정과 한숨, 부러움과 원망, 이해와 독촉이 범벅된 메시지들이 나의 장소로 돌아왔음을 격하게 알려 준다.

이런 식으로 여행 얘기를 늘어놓자면, 몇 권의 책으로 써도 한도 끝도 없을 것이지만, 저마다의 여행 사연이 있을 테니 나만의 여행 얘기에 누가 그리 관심 가질 리는 없다. 아무튼 여행의 목적도, 목적지도 다르지만, 모든 여행에서 내가 느끼는 공통점은 '몸'이다. 누구 말대로 여행은 정신을 옮겨 다니는 일일 뿐 아니라 몸을 옮기는 일이다. 몸의 이동은 간단치가 않다. 낯선 곳에서의 수면, 배설, 식사, 이런 것들 하나하나가 몸의 무게를 느끼게 한다. 정신은 낯섦에 감탄하고 즐거워하더라도 몸은 돌아갈 때까지 신경질을 낸다. 특히 생리라도 할라치면 그 불편함은 여행 전부를 망칠 지경이 된다. 몸과 정신이 화해할 때쯤이면 그 장소에 익숙해질 만하게 된 것인데, 그럴 즈음엔 돌아갈 때이니 그곳은 나의 장소가 더 이상 될 수 없다. 몸과 정신은 하나라지만, 여행지에서는 서로 반목하고 싸우는 것 같다. 몸은 정직하고 겸손하다. 그 몸의 겸손함 속에서 정신의 교만은 숨을 곳을 찾는다.

　　장소를 떠나 이동하는 몸은 아주 취약하다. 자발적으로 떠난 여행에서조차 취약함을 경험하는데, 비자발적인 여행인 경우 그 취약성은 상상을 초월할 것이다. 장소라는 뿌리를 뽑힌 사람들, 유동하는 사람들, 가령 이주자, 망명자, 난민 등은 자기 장소에서 가졌던 힘을 잃게 된다. 중심에서 멀어지고 주변화되고 가장자리가 된다. 성차화된 여행에서 느끼는 취약성이 그런 취약성들과 만날 때 나의 정신은 겸손을 배우게 된다.

　　인권활동가로서 내가 초창기에 활용했던 교육 프로그램 중에 '여행 가방 꾸리기'가 있다. 돌아올 기약 없이 무작정 낯선 곳으로 떠나야 한다고 가정하고 20kg(당시 이코노미 클래스가 허용하는 무료 운반 짐의 무게였다) 정도 가방을 꾸리는 것이다. 대부분 사람들은 가장 소중한 사람의 사진, 비상약, 필수품이라 할 것들을 챙긴다. 나중에 꾸린 짐 목록을 보고 왜 그것을 선택했는지 이야기 나눈다. 대부분은 치약이나 칫솔처럼 소모되는 것들이고, 돈이 있다면 다른 곳에서도 구할 수 있는 것들이다. 하지만 가방 속에 '권리' 같은 건 넣을 수 없었다. 어디든 이동 가능하고 어디에서나 통할 수 있는 그런 권리는 아직은 '이상'에 불과하기 때문이다. 특정 장소에서 나를 증명해 주던 신분증도 무용지물일 수 있고, 특정 장소에서 내가 맺은 관계들을 빼놓게 되면 나는 권리관계에서도 빠져나오게 된다.

이런 취약성과 연관된 의식은 나를 갖은 정치적 여행으로 이끌었다. 정치적 여행이란 소위 '다크 투어'라 불리는 대규모 인권 침해의 자취를 찾아가거나 학살이나 전쟁의 흔적을 모아 놓은 수용소·박물관 같은 데를 부러 찾는 데에서 그치지 않는다. 개발, 생태 파괴, 국책 사업이란 명목으로 장소를 빼앗으려는 자들에 맞서 장소를 지키려는 투쟁이 벌어지는 현장에 가서 함께 자리를 지키는 것이다. 이상하게 그런 곳에는 유독 여성이 많고 그것도 나이 든 여성이 많다. 평소 '어머니 대지'라는 비유를 싫어하지만, 그런 장소에서는 여성들의 몸이 그 땅과 같다는 생각을 하게 된다. 여성들은 장소를 지키면서, 그 장소에서 평생 해 왔던 일을, 투쟁의 장에서도 계속 이어간다. 같이 밥을 지어 먹고, 바느질을 하고, 노래를 부르고, 서로 평생 겪어 온 한을 '전설

—

의 고향'처럼 풀어내곤 한다. 장소 투쟁에 부러 찾아온 여성들도 늘 먹을거리를 들고 오거나 와서 밥을 짓거나 뜨개질을 한다. 자신들의 '감옥'으로 여겨졌던 '역할노동'이 그런 투쟁의 장소에서는 오히려 거대 폭력과 맞서는 최고의 무기로 변신하곤 한다. 한국만 그런 게 아니라 전 세계적으로 생태와 삶을 파괴하는 폭력에 맞서 장소를 지키는 투쟁은 여성들의 활약이 대부분이다. 나무를 껴안고 벌목에 맞서거나 초국적 기업의 땅을 죽이는 농업에 맞서 소작을 하거나.

여성들의 장소 투쟁은 지금 이 시대에 산소호흡기 같은 것이다. 그런 곳으로 정치적 여행을 확장하고 싶은 것이 내 꿈이기도 하다. 불안을 동반자 삼아야 하고 여성이라는 정체성이 유독 가시화되는 여행이더라도 장소와 장소를 연결하고 책임지는 마음이라면, 여행의 세계를 바꿀 힘이 여성의 여행에 있을 거라고 믿는다.

장례식장

나는 짧은 유언장을 써 두었다. 공증 같은 걸 받아 둔 건 아니니, 무슨 효력이 있을지 모르겠으나, 그냥 몇 줄 써서 프린트하여 주요 서류철 서너 군데에 붙여 두었다. 나중에 누구라도 발견할 수 있도록 말이다. 쓸 말이 많을 줄 알았는데, 달랑 아홉 줄이다. 내용은 딱 두 가지인데, 뭐 재산이랄 게 없으니까 내 명의로 계약한 사무실 보증금과 통장, 잘 팔리지도 않는 책들의 저작권을 인권 관련 조직인 ○○의 처분에 맡긴다는 것이 하나고, 다른 하나는 장례식에 관한 것이다.

"장례식은 최대한 간소하게 치르길 원한다. 시신은 당대의 최대한 생태 친화적인 방식으로 처리 바란다. 거창한 식은 절대 하지 말고, 아는 사람들끼리 적당한 곳에 모여 술 한잔 거하게 하며 즐겁게 놀기 바란다."

누군가 나중에 이걸 발견한다면 애매하기 그지없다 여길 것이다. '간소함'이란 어느 정도를 뜻하는 것이며, '생태 친화적'인 건 도대체 어떤 것이며, '아는 사람'이라 하면 어느 정도 알고 지낸 사람인 건가?

　도대체 이런 걸 왜 썼던 걸까? 기억을 더듬어 보니 어느 장례식장에 다녀온 뒤였다. 결혼식, 집들이 같은 건 안 챙기지만 장례식은 꼭 챙기는 편인데, 특히 사회 운동과 관련된 장례가 많다. 생전에는 잘 몰랐는데 장례식장 가 보니 떵떵거렸던 집안에 속했던 모양이다. 각종 정당과 단체들이 보낸 화환이 줄지어 서 있고 생전에 고인을 전혀 모르던 사람들도 부러 찾아와 조문을 한다. 그런 떠들썩한 빈소에서 조문하고 나오는데 바로 옆 고요한 빈소가 눈에 밟혔다. 젊지도 늙지도 않은 여자 사진이 놓여 있었다. 제복 입은 서너 명의 상조회사 직원 외엔 아무도 없었다. 왜 아무도 없을까? 상조회사는 누가 부른 걸까? 그녀가 생전에 준비해 놓은 것일까? 누구를 붙잡고 물어볼 수도 없는 일이라 횅한 빈소를 한참 바라보다 왔다.

　그날 밤 유언장이란 걸 쓴 건데, 그때 내 마음은 이랬던 것 같다.

　'비혼인 나지만, 형제자매들이 있으니 그럭저럭 챙길 테지. 하지만 명절 때만 보는 가족보다는 내 절친들

—

116

이 내가 좋아하는 방식으로 나와 이별식을 치렀으면 좋겠다. 내 절친들이 조문객이 아니라 상주를 맡으면 좋겠다. 아니다. 괜한 부담 주고 일 시키는 거면 안 되는데……'

한편으론 재밌는 상상을 했다. 절친들이 장례식장에서 신나게 내 욕을 하는 경연 대회 같은 걸 여는 거다. 우승자가 내 물건 중에 마음에 드는 걸 골라 갖는 건 어떨까? 그들은 무슨 흉을 보면서 낄낄거릴까? "술을 그렇게 처마시더니.", "성질 진짜 지랄 맞았지.", "지랄 맞지만 귀여운 구석이 있었어." 아마 이보다 훨씬 더 할 말이 많겠지? 만약 내가 들을 수 있다면, 생전에 내가 할 줄 알았던 유일한 욕으로 추임새를 넣을 텐데. 나는 혼잣말로 "씨발"을 잘 내뱉고, 가끔은 "쉬트(shit)"라고 하고, 사람 많은 곳에서는 주변 사람들이 못 알아듣게 "이런, 시벨리우스"라고 바꿔 말한다. 절친들은 이런 내 입버릇을 기억할까?

장례식장은 인간의 근원적 장소를 생각하게 되는 곳이다. '돌아간다'고들 하는데, 우리는 어딜 떠나온 것이고 어디로 돌아가는 것일까? 무에서 무로? 흙에서 흙으로? 관계에서 관계로?

'관계에서 관계로'가 그중 어울리는 답 같다. 우리

—

는 각각 고유한 개별자라 하지만, 누군가와 관계 속에서 세상에 태어났고, 좋든 싫든 맺거나 끊어진 관계 안에서 떠난다. 그 관계에는 자발적인 것만이 아니라 선택할 수 없는, 또는 강제적인 것들도 있다.

장례식장은 관계의 숙연함과 처연함이 사무치는 곳이다. 하지만 관계를 둘러싼 차별과 대결이 극명하게 펼쳐지는 곳이기도 하다. 혈연에 기초한 가족 관계나 법적 결합 외의 친밀한 관계나 결합 유형이 존중받지 못하는 곳이다. 살아서 이름을 제대로 불리지 못했던 이가 죽어서도 이름 불리지 못하는 곳이기도 하다. 애도할 만한 죽음과 그렇지 않은 죽음이 갈리는 경계의 장소이기도 하다.

가령 드라마 같은 데서 자주 재연되는 관계, 아버지 장례를 치르고 있는데 들이닥쳐서 '첩년'을 운운하며 어머니 머리채를 잡는 처음 보는 사람들, 부모는 평생을 같이 살았는데, 법적 부부 관계가 아니었다는 걸 알게 되는 자식의 상황 같은 거다. 현실에선 그보다 더한 일이 더 자주 벌어질지 모른다.

자기의 성적 지향을 밝힌 후에 혈연 가족에게 내쫓긴 사람이 있었다. 그 후 혈연 가족보다 더 친밀한 관계를 맺은 사람이 생겨 삶을 같이했다. 하지만 큰 병에 걸려 수술 동의서에 서명해야 할 때나 여타 중요한 순간

—

마다 동거인은 '가족'으로 인정받지 못했다. 결국 죽음을 맞이했으나, 절연했던 가족이 나타나 빼앗듯이 장례를 치르고, 동거인에게는 고인의 유품 하나 남기지 않았다. 성별이나 혈연과 관계없이 파트너로서 법적 지위를 인정받을 수 있는 '생활동반자법' 같은 게 만들어지지 않으면 언제든 벌어질 수 있는 일이다.

경쟁 스트레스, 따돌림과 집단 괴롭힘의 폭력 등으로 스스로 세상을 등지는 청소년들이 적지 않다. 그 아이가 떨어진 자리는 황급히 치워진다. 핏자국을 지우고 소문날까 쉬쉬하고, 그 아이가 앉았던 책상에는 국화 한 송이 놓이지 않고, 동요 없이 계속 공부하라는 채근이 이어진다. 애도의 기간도 선포되지 않고 애도의 이야기는 금지된다.

말년을 알츠하이머와 갖은 노인병으로 고통스러워한 어머니를 돌본 건 딸이었다. 장례식장에 찾아와 조문을 하고 조의금을 보탠 건 거의가 딸의 지인이었다. 하지만 장례식이 끝난 후 조의금의 상당 부분을 오빠에게 주라는 아버지의 명을 듣는다. 그래야 오빠 체면이 선다는 말이었다. 이불과 옷가지 등 유품을 정리할 때도 오빠는 코빼기도 내비치지 않았다. 정리를 마친 후 어떻게 처분할까를 고민하던 여동생이 "헌옷수거함에

—

119

내놔야 할까" 하니 오빠는 "유품을 함부로 취급한다"고 고함을 지르며 손찌검을 할 듯이 날뛰어 댔다. 어머니에 대한 그리움과 상실의 아픔에다가 '분'이 보태지니 그녀는 견딜 수가 없었다.

말년의 돌봄노동을 도맡아 한 사람은 울 기운도 없으면서 제 몸 돌보지 않고 손님치레에 바쁜데, 얼굴도 안 내밀던 사람이 상주라면서 중요한 건 다 결정하고 장례식의 얼굴을 도맡는다. 이건 사적인 장례만이 아니라 사회적·정치적 장례의 경우도 마찬가지다. 생전에 고행을 맡았던 사람은 장례식장에서도 궂은일을 하며 자기를 숨기는데, 앞줄에 서는 데 익숙한 사람들은 장례식장에서도 이런저런 '고나리질'로 생색내고 정치를 하느라 바쁘다. 혹자가 표현한 대로 "장례식 도둑들"이 많다.

나 자신의 장례식이야 내가 없을 테니, 솔직히 별 걱정 안 해도 된다. 정작 걱정되는 건 부모님 장례식이다. 이승에서의 역할극이 수행돼야 할 테니까 말이다. 나는 고맙게도 아직 부모님이 나름 건강하게 곁에 계신다. 언젠가 닥칠 그날이 두렵기만 하지만, 실질적인 준비에서 '뒷전'에 머물러도 된다. 부모에게는 아들이 있고 사위들이 있기 때문이다. 주변의 경험을 들어 보면,

상주는 당연히 아들이 하는 것이고, 딸만 있는 경우엔 사위가 하고, 그도 아니면 아주 어리더라도 손주라든가, 아무튼 집안의 남자가 한다고 했다.

여성들에게 적극적으로 '상주'가 되라고 권하는 얘기도 들어 봤다. 일체의 장례 물품과 절차를 결정할 때 무조건 상주에게 결정권이 있다고 했다. 무엇보다도 (경박스럽지만) '돈 통', 즉 '조의금'이 든 함의 열쇠를 틀어쥘 권한이 상주에게 있다고 했다. 생전에 딸이라고 해서 할 일 다 했으면서 장례 때만 뒤로 물러앉아 있지 말고, 상주 역할을 절대 양보하지 말라 했다.

그런 얘길 듣고 나도 고민이 되기 시작했다. 나는 맏딸이고, 맏이라는 이유로 어릴 때부터 살림과 동생들 뒤치다꺼리, 나이 들어서는 부모 돌봄의 상당 부분을 도맡아 했다. 그런데 왜 장례 때만 남동생에게 그 역할을 양보해야 하고, 동생들의 남편들보다 더 '뒤'에 있어야 하나? 비혼 여성이라서? 왜 다른 역할은 당연히 내 몫이었는데 장례식에서는 그게 내 몫이어서는 안 될까? '그래, 내가 하겠다고 한번 나서 볼까?' 이런 소심한 속삭임은 다른 센 목소리에 금세 사그라들었다. '아니야. 그러면 정말 골 아파져. 남동생하고 원수지간이 될 거고 올케 눈치는 어쩔 거야. 집안 망신시킨다고 입질에 오를 테고, 살아남은 부모님 한 편이 왜 멀쩡한 아들 두고 네가 나서냐고 하겠지. 아마 내전을 치르는 것 같을 거야. 슬퍼하기도 바쁠 텐데 부러 그런 난리를 만들 필요가 뭐가 있겠어?' 혹자는 페미니스트란 어떤 면에서 "'더러운 년'이라는 욕을 들어도 전혀 위축되지 않으며, 오히려 이런 말을 듣는 것을 자랑으로 여기는 것"이라 했지만, 장례식장에서 나는 과연 그런 말을 감당해낼 수 있을까? 기독교 집안이면서도 아들을 제사 지내 주는 사람이라 여기는 높디높은 가부장제라는 벽 앞에서 나는 어떤 '년' 소리를 듣게 될까? 평소 내가 인권운동가임을 껄끄럽게 여기던 가족들은 진절머리를 칠 것이다. 숱한 이론과 가치를 외쳐 왔어도 내 삶과 친밀한 관계 속에서 그걸 꺼내 놓기는 얼마나 어려운 일인가.

내가 이런 고민을 말했더니, 얼마 전 장인상을 치른 한 동료가 말했다. 자기는 부러 뒤에 물러나 있었는데, 뭘 상의하러 오는 사람들이 고인의 딸인 자기 아내를 제쳐 두고, 사위인 자기에게만 묻고 결정을 바랐다는 거였다. 예전 관습으로는 빈소 안에 머무는 것은 남자들이고 여자들은 바깥 마루에 앉아 있어야 했단다. 지금에야 그렇지 않지만, 안과 밖의 물리적 경계가 아니라 마음의 경계는 여전한 것 같다고 말이다. 여성이 상주를 할 수도 있고, 자식이 적기 때문에 아들딸 선택의 여지가 없는 일이 늘었지만, 여성 상주가 당연한 게 아니라 '어쩔 수 없는' 일로 여겨지는 건 권리가 아니라 관용, 그냥 보아 넘겨 주는 것일 뿐이다.

빈소는 글자 그대로의 뜻으로는 '상을 당하여 상여가 나갈 때까지 관을 놓아두는 곳'이다. 하지만 나는 그 글자에서 '텅 빈' 장소라는 느낌을 강하게 받는다. 비어 있는 곳에서 벌어지는 장소 투쟁, 역할과 지위의 투쟁이라니, 뭔가 허탈하다. 상호 평등에 기초해 구성되고 유지되는 관계가 아니라 지정된 역할에 따른 차별적인 관계가 더 불거지는 곳, 사람은 살아서도 죽어서도 장소를 둘러싼 싸움에서 벗어날 수 없는 존재인가?

데우스 엑스 마키나(deus ex machina)는 '기계에서 튀어나온 신'이라는 뜻으로, 연극이나 문학작품에서 결말을 맺기 위해 뜬금없는 사건이나 인물이 출연하는 상황을 말한다. 드라마 주인공이 갑자기 불치병 환자가 되거나 교통사고를 당하는 식이다. 그러면 꼬인 문제가 황당하게 해결돼 버린다. 할리우드 영화에서 그런 기능을 하는 대사는 "크리스마스잖아요"이다. 증오의 불꽃이 튀다가도 이 말 한마디에 화해하고 포용하는 건 언제 봐도 어색하다. 하지만 그런 기대를 접을 수는 없는 게 인생인지라, 내가 가끔 바라는 '데우스 엑스 마키나'

—

는 "여긴 장례식장이잖아요. ○○이 죽었잖아요"다. 하지만 잘못에 대한 성찰, 속죄, 새로운 다짐은커녕 죽음에 대한 이해조차 공유되지 않는 경우가 많다. 특히 사회적 재난이나 재해, 혐오 범죄 등으로 맞게 된 '사회적 타살'이라 할 죽음의 경우, '피해자다움' 내지 '유족다움'에 대한 날카롭게 재단된 요구는 장례식장을 더 어둡고 답답하게 만들곤 한다.

"너는 나다"라는 포스트잇을 붙이며 온 장소를 기억과 애도의 장으로 만드는 이들이 있는 반면, '부정'과 '매도'로 애도조차 막으려는 세력이 있다. 부채감을 느끼는 이들과, '청산했으니 빨리 보내 버리라'고 우기는 쪽이 공존하는 게 우리가 사는 세상이다. 그런데 이 장소를 공유하는 이들이 하나 더 있다. 그것은 바로 죽은 이들이다. 이들은 우리의 기억과 애도 속에서 숨을 쉰다.

"산 자는 절대로 산 자만의 세계에 속한 것이 아니다. (…) 현재를 사는 것은 과거 사람들의 삶 위에 마지막으로 놓인 돌멩이 하나 같은 것이다. 삶은 사자에 대한 생각으로 이뤄진다."

일본의 3·11 대재난 이후의 삶을 한 인문학자가 기록한 『죽은 자들의 웅성임』에 나오는 구절이다. 이

—

말과 이어 붙일 수 있는 것은 주디스 버틀러의 '애도'에
관한 문장이다.

"당신을 잃는다면 나는 상실을 애도할 뿐만 아니
라 나 자신에 대해서도 수수께끼처럼 알 수 없게 된다.
당신이 없다면 나는 누구인가? 우리를 구성하는 이런
인연 중 몇몇 인연을 상실할 때 우리는 내가 누구인지
무엇을 해야 하는지 알지 못한다. 어떤 층위에서 나는
'당신'을 잃어버렸다고 생각하지만 '나' 역시 사라졌음
을 알게 될 뿐이다. 또 다른 층위에서는 내가 당신 '안
에서' 잃어버린 것, 내가 어떤 어휘도 미리 마련해 두지
못했던 것은 배타적으로 나 자신 혹은 당신 어느 것으
로도 구성되지 않는 관계성(relationality), 나와 당신이라
는 항을 차별화하고 연결하는 인연으로 볼 수 있는 관
계성이다."

도처에서 장례식장을 꾸리는 우리는 일상의 유대,
거창한 말로는 연대를 실천하고 있다. 시늉 연대와 과
시 연대의 화환과 리본은 치워 버리고, 가부장제와 각
종 차별주의의 허례허식과 고정된 역할 수행은 매장해
버리고, 각 사람이 서로의 상주가 되어 우리의 관계성
과 연결됨을 확인하는 그 장소들에서 돌아간 사람의 어

—

제 위에 나의 오늘이 겹쳐진다.

장례식장에는 '아직' 돌아가지 못한 사람들이 모인다. 한때 이 세상에서 점유했던 장소와 관계들이 모여든다. 살아남은 자들은 죽은 자들과 '겹치'는 삶을 이곳에서 확인할 수밖에 없다. 산 자가 새로 하는 경험이 죽은 자의 경험에 보태진다. 해묵은 차별과 관습이 나쁜 경험이었다면, 그것을 뒤엎고 고칠 만한 새로운 경험이 장례식장에서부터 싹트면 안 되는 걸까? 비어 있는 장소, 죽은 자들과 '아직' 돌아가지 못한 이들이 겹치는 장소, 이곳에서마저 뒤에 서야 하는 차별은 서러움을 곱씹게 만든다. 우리는 '상실'의 아픔을 겪어야 한다는 점에서 모두 안쓰러운 존재들이고 무덤 앞에서 평등한 사람들이다. 그런데 왜 장례식장에서마저 차별적 관습을 고집해야 할까? 상실과 애도의 평등이 가능할 수는 없는 것일까?

화장실

어느 산업의학 전문의는 한국 사회에서 변비, 과민 대장증후군 등은 '사회적 질병'이라고 했다. 배설하는 일도 '사회적 책임'이라는 말이니, 뭐 그런 것까지 '사회' 운운하느냐 할지 모른다. 하지만 지금 가스 찬 배를 어루만지거나 꾸르륵 뿡뿡 소리를 어쩌지 못하는 사람이라면 실감할 수 있을 것이다. 왜 당신이 만성 변비와 대장 계통의 문제를 안고 살게 됐는지 인생의 화장실을 돌이켜보라. 공중화장실, 학교와 직장의 화장실. 물리적 열악함만이 아니라 젠더에 따른 억압이 작용하는 그곳 말이다.

어릴 적, 여러 세대가 같이 쓰던 재래식 화장실, 한밤중에는 무서워 갈 수 없고, 아침에는 줄이 길었다. 온 식구가 요강이란 걸 방에다 놓고 썼다. 그걸 비우고 닦는 일이 제일 싫은 가사노동 중 하나였다. 여성의 수발 노동 중에 집안에 환자가 있거나 유아가 있거나 하면

—

배설에 대한 수발이 가장 힘들다. 어렸을 적 어쩌다 놀러 오는 막내 이모는 늘 내게 "내가 네 똥 기저귀 빨아줬어"라는 말로 나와 가깝다는 걸 증명하려 했다. 그때는 뭐 저런 말을 하나 싶었는데, 이제 와 보니 정말 고마운 사람이다.

국민학교 때까지도 학교 화장실은 재래식이었다. 이게 또 어떻게 생겼냐 하면, 같은 입구로 들어가면 한쪽엔 문 달린 화장실이 늘어서 있고 다른 한쪽은 벽면 전체가 소변기를 대신했다. 남자애들은 가림막 같은 것 없이 거기다 볼일을 봤고, 여자애들은 남자애들이 볼일 보는 뒷모습을 등지고 문 달린 쪽에 줄을 섰다. 그때나 지금이나 볼일 보는 뒷모습을 노골적으로 대면하는 건 괴로운 일이다.

한편 동료에게 들은 당시 남자애들의 고충은 이랬다. '큰일'을 보려면, 문 달린 화장실에 들어가야 하는데, 그건 여자애들 거라 거기에 줄을 서거나 들어가는 일이 창피했다는 것이다. 남자애가 거기 들어가는 건 본 적이 없다고, 그러니까 대변을 보고 싶어도 참을 수밖에 없었던 것 아니겠냐고 했다. 남성은 노출된 환경에서 볼일 보는 게 괜찮고, 앉아서 볼일 보는 건 계집애 같은 거라는 차별 의식과 행위를 화장실에서부터 배운 것이다. 농담처럼 어린 시절 기억을 끄집어낸 것이지

—

만 뒷맛은 씁쓸했다. '앉아서 볼일 보는 사람과는 큰일을 논할 수 없다'던 대학원 시절 남자 교수의 말도 떠올랐다.

중고교 시절, 수세식 화장실이 생기긴 했다. 그런데 화장실 문고리 중에 성한 게 없었다. 한 손으로 문을 부여잡고 어정쩡한 자세를 취하거나 친구에게 문을 잡아 달라고 부탁하고 볼일을 봐야 했다. 게다가 물이 제대로 나오지 않는 날이 많았다. 뒤처리는 물론 손 씻기도 불가능했다. 그러니 화장실을 최대한 가지 않으려고 참고 또 참았다. 쉬는 시간 10분 동안에 그 많은 아이가 볼일을 처리하는 건 불가능했고, 조금이라도 더 오래 머물면, 밖에서 욕하는 소리가 들렸다. 다들 '실패'하고 서둘러 끊고 나오는 수밖에 없었다. 등교 준비하기만도 바쁜데 배변까지 처리하고 학교에 나오는 아이들은 거의 없었다. 이른 아침부터 밤늦게까지 우리를 책상에 결박해 놓았던 학교는 우리의 배변과 생리에는 관심이 없었다. 그런데도 우리에겐 늘 여자다운 '청결함'이 강조됐다. 손톱 검사, 속옷 검사, 두발 검사……. 교실에서 냄새가 난다고 본 수업을 접고 임시로 '청결 교육'으로 주제를 바꾸는 여교사들이 많았다. 온종일 환기를 안 시키는 교실에서 손도 제대로 씻을 수 없고 배변을 해결하지 못한 아이들이 그득한데, 냄새가 나는 건 당연하지 않았을까.

　올림픽 개최를 계기로 대대적인 화장실 정비가 이뤄졌다. 공중화장실은 나름 많아지고 깨끗해졌다. 하지만 모든 곳이 평준하게 바뀐 것은 아니었다. 대학 시절, 과나 동아리 패들이 몰려다니던 단골 술집들은 화장실이 안 갖춰진 곳들이 많았다. 남자애들은 어디서든 대충 해결했지만, 여자들은 그게 곤혹스러워 어울리길 꺼렸다. 뿐만 아니라 화장실의 미비는 낯선 곳으로의 외출과 여행을 꺼리게 했다. 행동반경이 축소되는 건 당연했다. '여자애들은 말이야'라는 지청구를 듣는 게 짜증스러웠지만, '화장실' 문제를 끄집어내는 건 더 어려웠다. 치사하고 불편하고 사소하다는 복합적인 감정과 판단들이 말하기를 막아섰다. "너넨 왜 화장실도 같이 가냐?"는 물음엔 '화장실 친구'를 대동해야만 하는 우리의 불안에 귀 기울이려는 진짜 질문은 담겨 있지 않았다.

　'강남역 여성 살해 사건'은 결코 예외가 아니다. 30여 년 전인 그 당시에도 학교 앞 버스 정류장 공중화장실에서 벌어진 여성 대상 범죄는 차고 넘쳤다. 그간 한국 사회 화장실은 화려하고 깨끗하게 바뀌어 왔는데, 여성이 안전하게 이용할 실질적인 장소는 되지 못했다.

—

화장실이 인간에게 보편적인 장소라면, 젠더 구분 없이 누구나 안전하게 이용할 수 있는 곳이어야 하는데, 어느 편에겐 불안과 공포의 장소라는 건 엄청난 차별이다. 차별의 장소가 저항의 장소가 되는 것이 또한 장소의 가능성이기도 하다. 불법 촬영 당하고 생명을 위협받는 장소에서 저항이 폭발했으니 말이다.

학창 시절엔 학교 화장실이 고통의 장소였다면, 노동자들에겐 일터의 화장실이 그러할 것이다. 몇 년 전, 새로이 떠오른 인권 문제로 여기고 동료들과 함께 '일터 괴롭힘'을 연구하고 책을 썼다. 법적 용어로는 '직장 내 괴롭힘'이라 하여 2018년 근로기준법 개정안에도 삽입됐다. 다양한 괴롭힘 사례를 검토하는데 '화장실 괴롭힘(bathroom bullying)'이 눈에 띄었다. 외국의 대형 매장 노동자, 청소 노동자 등의 시위 사진에 '존엄한 화장실을 보장하라', '화장실 갈 시간을 보장하라' 등의 구호가 보였다. 한국 상황이라고 다를까? 실제로 많은 노동자 시위에서 인간다운 화장실과 손 씻을 곳에 대한 요구가 많다. 노동열사 전태일을 다룬 영화에서 폐병에 걸린 어린 여공이 피를 토한 후 계단에 주저앉아 토하던 대사 "손 씻을 곳이 없어요"는 21세기에도 계속되고 있다.

——

고객용 화장실 사용은 금지한다. 직원용 화장실은 멀고 드물다. 휴식 시간은 거의 주지 않는다. 이건 그냥 '참으라'는 거다. 너무 더러워서 화장실을 쓸 때마다 '인간다운 대접을 받지 못한다'는 울분을 배설하게 만드는 곳도 많다. 한 개 라인에서 세 명 이상은 못 가게 하는 곳, 화장실 대기란에 이름을 올려놓고 순번이 돌아올 때까지는 못 가는 곳, 기막힌 환경이 차고 넘친다. 그나마 번듯한 화장실이 갖춰진 곳에서 일하는 노동자들도 화장실 얘기가 나오면 묘한 표정을 짓곤 한다. 구구절절 사연을 털어놓지는 못하지만 척 봐도 '괴롭다'는 눈치다. 눈치 보여서 '길게' 못 간다거나, 화장실 간 사이 업무 전화라도 올까 봐 반드시 책상에 '메모'를 해 두고 자리를 비운다거나……. 대형 매장, 공장, 콜센터, 사회복지관, 관공서를 가리지 않고 이런 경험을 털어놓는데, 심지어 노동인권상담소도 포함돼 있었다.

가령 『숨은 노동 찾기』라는 책에서 고속도로 톨게이트 수납원의 사례를 보면 이런 구절이 나온다.

"차량이 많은 본선은 물을 마실 시간도, 다른 곳을 쳐다볼 틈도 없다. 화장실이 정말 급할 때는 영업소로 전화를 걸어 관리자를 불러야 한다. 누군가 요금소로 오기 전까지는 화장실도 가지 못한다. 특히 갑작스럽게

—

생리가 시작되면 어떻게 하나 싶은 불안과 초조함도 안고 살아야 한다."

영화나 드라마의 야외 로케장에는 스태프의 화장실이 설치되지 않는단다. 그럼 어떻게 해결하나? 각자 알아서 해결해야 한단다. 영화인 인권 관련 회의에서 나온 얘기다. "바쁘다는 이유로 화장실 가는 것까지 일일이 허락을 받아야 하는 비민주적인 인권침해", 노동자의 이런 고발은 직장 괴롭힘을 고발하는 기사에 어김없이 등장한다.

임신이나 출산을 한 여성 노동자에게 화장실은 설움의 장소다. 시도 때도 없이 화장실이 필요한데, 그에 대한 배려는커녕 온갖 눈치를 줄 때, '내 몸이 죄인'이라는 감정이 절로 솟구친다. 특히 수유기 여성은 젖을 짜야 하는데, 화장실에 서서 그걸 해내려면, 벌서는 기분이다. 아이에게 먹일 것을 용변을 보는 장소에서 짜야 하는 처지도 서럽지만, 일정 시간 간격으로 해야 하는 '유축'의 통증이 이만저만이 아니다. 그런 고통스러운 일을 화장실에서 처리해야 하는 상황은 '위대한 엄마'가 아니라 '이등 시민', '열등 시민'이 된 느낌만 줄 뿐이다.

———

화장실은 사회적 약자나 소수자에게 더 야박한 장소이다. 어느 날 토론회에 패널 한 명이 나타나지 않아 시작이 늦어졌다. 지각한 한 명은 장애 여성이었다. 남보다 몇 배로 이동 시간이 들기 때문에 일찌감치 출발했고 남보다 미리 토론장에 도착한 그녀였다. 그런데 왜 늦었을까? 장시간 토론회 전에 볼일을 봐 놔야 했다. 같은 건물에 장애인용 화장실이 없었기 때문에 주변 건물을 배회해야 했다. 그녀는 "늦어서 미안하지만, 미안하지 않다"고 말했다.

장애인 농성 중에는 한 장애 여성의 화장실 이용을 돕게 되었다. 화장실 입구가 너무 좁아 휠체어가 접근할 수 없었다. 두 명이 안아서 들어 올리고 볼일을 본 후 닦고 어쩌고 하는데 공간이 너무 좁아 숨이 막힐 듯했다. 혼자 볼일을 보더라도 문에 머리를 박아야 할 정도였다. 건강상의 문제로 화장실에 빈번하게 가야 하는 사람들에겐 처벌처럼 느껴질 것이다. 아이를 동반하거나 짐 보따리가 있기라도 하면, 이 공간은 고된 분투의 장소가 될 것이다. 아기 기저귀를 가는 단이나 유아 동반 화장실이 여성 화장실에만 있는 것은(요즘은 남성 화장실에도 설치되고, 아이를 동반한 사람이 이용할 수 있는 화장실이 따로 만들어지기도 한다.) 화장실에서도 쉬지 말고 노역을 하라는 의도적 설계가 아닐까 하는 의심이 든다.

—

나는 늘 쇼트커트인 데다 부리부리하게 생겼고 덩치도 크다. 내가 화장실에 들어서면 안에 있던 여성들이 화들짝 놀라거나, 들어오다가 날 발견하곤 화장실 표지판을 다시 확인하곤 한다. 그럴 때마다 괜한 공포감을 조장한 것 같아 미안하면서도 억울하기도 하다. 반대의 경험도 있다. 언젠가 외국의 인권단체에서 연수할 때, 아무 생각 없이 표지판도 확인 안 한 채 앞사람을 따라 화장실에 들어갔다. '예쁘장한' 느낌 때문에 여성이라 여겼던 것이다. 볼일을 보고 손을 씻는데 눈치가 이상하여 고개를 돌려 보니, 내가 여성이라 여겼던 사람이 나를 빤히 보고 있었다. 머리 길고 가녀린 몸매의 남자였다. 그제야 소변기들이 눈에 들어왔다. "아임 쏘리.", "댓츠 오케이." 상황 끝. 성별을 구분하는 기준이 얼마나 빈약하고 결점투성인지를 실감하는 순간이었다.

성 정체성이 지배적인 성별 구분이나 지정 성별과는 다른 사람들이 있다. 그들에게는 차별을 경험하는 1순위 장소가 화장실일 수밖에 없다. 자신의 성 정체성을 검열하려는 눈빛, 의심하고 두려워하는 눈빛을 일상적으로 겪는 일은 엄청난 스트레스일 것이다. 또한 화장실은 성 소수자를 조롱하거나 비하하는 낙서가 출몰하고 증오 범죄의 온상이 될 수 있는 곳이다.

—

여성과 아동, 소수자를 외면하는 일상의 디자인을 고발한 책『좋아 보이는 것들의 배신』에서 저자 캐스린 H. 앤서니가 가장 많은 분량을 할애한 항목은 화장실이다. 전 세계 빈곤층, 특히 여자와 아이들에게 공중화장실이 가하는 위험은 종종 생명을 위협하는 수준이라고 고발하고 있다. 격한 동감을 넘어 화장실 혁명을 기대하게 하는 내용이 많다. 역사적으로 공중화장실은 한 집단에 특권을 주고 다른 집단을 차별하는 환경으로 기능했다. 남자의 필요를 여자의 필요보다 우대했을 뿐 아니라 계층, 인종, 장애, 성적 지향을 예리하게 구분해서 차별을 반영한 것이다. 어딜 가나 여성 화장실의 줄이 길 수밖에 없는 이유는 여성의 필요를 동등하게 고려하지 않기 때문이다. 화장실 접근권의 평등성 침해로 여성들은 부득이하게 회의에 늦고, 공연 인터미션 내에 볼일을 해결하려 발을 동동 구르고, 스포츠 경기의 주요 부분을 놓치게 된다. 이런 이유로 미국 일부 주에서 '화장실 평등법' 제정 요구에 여성들은 환호하며 찬성했는데, 어처구니없게도 남성들은 항의에 나서는 경우가 많았다고 한다.

화장실 혁명 중 하나는 보다 '포용적인' 화장실을 만드는 것인데, 젠더 중립 화장실이 한 예이다. 기존의 군집형 화장실이 아니라 모두 온전한 문이 달린 독립형 화장실로 만들고 남자용 소변기는 설치하지 않는 설계이다. 출입구는 두 군데씩 내서 안전성과 보안을 강화하고 화장실 문은 세면대가 있는 공유 공간으로 열리도록 설치한다. 일부 고급 레스토랑이나 많은 인파가 모이는 공원 등에도 이런 화장실이 늘고 있는데, 이점이 많다고 한다. 여성용 줄은 길고 남성용은 남아돌곤 했는데, 이렇게 설계하면 일단 화장실 줄이 줄어드는 효과가 크다 한다. 또한 장애인 접근성 등을 갖추는 데 비용 면에서도 효율적이라 한다. 트랜스젠더가 어느 화장실을 이용해야 할지 갈등할 필요도 없다. 화장실 평등 요구에 대응하는 여성 친화적 화장실은 '여성 전용'을 뜻하는 것이 아니라 화장실 약자인 이들 모두에게 '통'하고 '쾌'하고 '안전'한 곳이어야 할 것이다. 화장실 혁명은 '난 괜찮은데(불편함을 못 느끼는데)'가 특권의 위치라는 걸 폭로하면서 시작되었다. '그깟 문제'라는 사소화와 조롱에 맞서 화장실에 대해 말하기를 두려워하지 않는 데서, 그리고 화장실에 대한 저마다의 이야기를 보태는 데서 그 혁명의 기운이 이어질 것이다.

불안과 공포의 대명사인 화장실은 정반대로 안락함을 대표하는 장소이기도 하다. "화장실에서 책 보기를 좋아한다.", "화장실에서 스마트폰을 보다가 늦었다." 이런 말을 할 수 있는 건 자기만의 안정적이고 안전한 '장소'를 가졌다는 의미다. "나에겐 집이 있어"라는 말보다 "화장실 독서가 젤 좋아"라는 말이 나에겐 더 '안정적'으로 느껴진다. 자기만의 화장실은 우리 시대의 간절한 꿈이다. 그런데 우리가 하루에 대부분 이용하는 것은 공중화장실이다. 공중화장실에서의 안전과 평등은 사치가 아니라 기본권이고, 화장실로 인해 생기거나 깊어진 병은 '사회적' 질병이 맞다. '화장실에서 불법 촬영 당하고 싶지 않다', '화장실에서 죽고 싶지 않다', 이것이 21세기의 인권 요구인 게 참혹하다.

'모든 사람에겐 존엄성을 존중받는 화장실, 안전하고 위생적인 화장실에 접근할 권리가 있다. 화장실 평등은 모든 평등의 출발점이다.'

다시 쓰는 인권선언의 제1조가 돼야 할 것 같다. 모든 혁명에서 그랬듯이, 화장실 혁명에서도 여성들은 장소 다시 쓰기의 선봉이 될 것이다.

———

일터

어느 노동권 관련 집회에 갔다가 씩씩대며 돌아온 적이 있다. 경찰이나 당국에 화가 나서가 아니었다. 집회 후 행진을 이끄는 방송 차에 노동조합 조끼를 입은 한 남성이 올라 마이크를 잡았다. 그의 발언 요지는 이랬다. '나 어렸을 때는 유치원 같은 데 애들 보내지 않았다. 엄마들이 집에서 아이들을 돌봤다. 그런데 살림살이가 정말 팍팍해졌다. 그러다 보니 요즘 엄마들이 줄어든 소득을 보충하기 위해 아이를 맡기고 일하러 나가야 하는 것 아니냐? 정말 삶의 질이 나빠지지 않았느냐?'

나는 내 귀를 의심했다. 주말 시간을 바쳐 나간 정치 집회에서 그런 말을 들어야 한다는 게 비참했다. 그 집회에는 카트를 밀고 나온 대형 마트 노동자들을 비롯해 여러 직종의 유니폼을 갖춰 입고 나온 여성 노동자들이 엄청 많았다. 누군가를 부양할 뿐 아니라 무엇보다 자기 자신을 부양해야 하는 나 같은 여성도 많았을 것이다. 자신들의 노동권을 외치기 위해 나온 집회에서 '당신들의 노동은 부차적'인 것이고, '당신들은 생계 부양자가 아니라 보조자일 뿐'이란 말을 들은 것이다.

그 후 여러 노동조합 간부들 교육이 있을 때마다 이 사건을 얘기해 봤다. 정황을 들려주고 뭐가 문제라고 여기는지 말해 보라 했다. 놀랍게도 내가 느낀 문제의식을 얘기하는 경우가 없었다. "'엄마'만 지칭한 게 문제인가요? 비혼 여성도 있는데⋯⋯.", "아이 돌보는 걸 여성의 역할로 한정한 게 문제인가요?" 남성뿐만 아니라 그 자리에 있는 여성 간부들에게서도 내가 기대한 의견이 나오지는 않았다. 말문이 막혔다.

이런 인식에서라면, 여성 노동자는 '열악하고 비참한 노동자, 더 보호받아야 하는 노동자, 무력한 희생자의 이미지'로 그려지겠구나. 딱 그만큼에서만 얘기되겠구나. 여성의 노동도 자신의 자존감과 성취를 위해 중요하다고 하면 '사치'라고 여기겠지. 여성은 자기 부양을 할 뿐 아니라 누군가의 부양자라는 것, 저마다 정치적 의견을 가지고 실천하는 사람들이라는 것은 묻히겠구나. 아니 묻히는 게 아니라 '남성의 노동에 부정적인 영향을 미칠 수 있다'는 걱정거리나 걸림돌이 되겠구나. 문득 의사 남편을 둔 한 후배 말이 떠올랐다. "내가 직장에서 듣는 가장 괴로운 말은 '뭐 하러 일하냐?'

—

는 거예요. 집에서 편히 살면 될 텐데." 그럴 때마다 '남
편 일은 남편 일이고, 나는 나의 일이 필요한 존재'라는
걸 굳이 설명해야 하는 게 구차하다 했다. 화를 더욱 부
채질하는 건, 동료 여성에게조차 공감받지 못하는 거
다. "내가 바라는 건 남편이 정말 많이 벌어서 나는 일
하지 않아도 되는 거야. 남자가 좀 더 많은 임금을 받
아야 해." 이런 인식에 훼손되는 것은 비혼 여성 또는
기혼 여성 어느 한 편의 노동이 아니라 여성노동 그 자
체다.

경제가 나빠져서 여성이 '일하기 시작'했다는 것
자체가 완전히 틀렸다. 여성들은 언제나 일을 하고 있
었다. 다만 그 일을 예외로 만들거나 '보이지 않는 것'으
로 취급했을 뿐이다. 여성이 어떤 장소에서 눈에 띌 때
는 여성이 하던 일이 제대로 돌아가고 있지 않을 때이
다. 세탁이 제때 되어 있지 않거나, 냉장고가 비었거나,
회의실에 음료가 제때 서빙되지 않았거나.
또한, 특정 시기 이후부터 여성이 '일하기 시작'했
다고 집요하게 말하는 이유는 '일'을 집 밖에서 돈을 벌
어 오는 노동에 국한하기 때문이다. 경제를 뜻하는 단
어 '이코노미(economy)'는 그리스어로 가정이라는 의미
의 '오이코스(oikos)'에서 유래했지만, 경제학자들은 집

—

에서 일어나는 일을 무시했고 공사 영역 구분은 여성의 장소를 제한하는 형틀이 됐다. 여성은 사적 영역에 묶이게 되었고, 끊임없이 일하면서도 경제적인 존재로 간주되지 않았다.

모든 혐오는 '제 장소를 벗어나 있다'고 느끼는 데서 시작된다. 모든 것에는 제자리가 있기에 벗어난 것은 뭔가 오염되고 불결한 것이 된다. 오랜 세월, 집 '밖'에 나가 일하는 여성은 제 장소를 벗어난 존재로 취급됐고, 일하는 당사자는 '바깥' 노동을 수치스럽게 받아들여야 했다. 여성이 밖에서 일을 해야 한다는 것은 충분히 부양받고 있지 못하다는 신호였고, '안'에 있어야 할 것이 '밖'에 있는 것은 뭔가 이상한 것이 돼 버린다. "일 나간대"라는 말이 여성과 붙어 쓰이면 무슨 '탈선'의 증거인 양 수군거려졌다. '직업여성'이란 희한한 말이 통용되기도 했다. 이 말은 성매매에 종사하는 여성을 가리키는 말이었는데, 제 장소에 있지 않다고 지목된 여성과 제 장소에 있는 여성('주부')을 가르는 말로 '직업'이란 게 쓰였다는 게 괴이하다. "처가 요즘 일 나간대요"라는 말은 문학작품이나 드라마 등에서 남성의 자괴감과 절망을 드러냈다. '오죽 못났으면 제 여자를 밖으로 내돌리느냐'는 뜻이 담긴 말이었기 때문이다.

요즘 시대야 이런 상황이 황당하게 여겨지겠지만,

—

따지고 보면 사정이 그리 달라진 것도 아니다. 아무리 많은 여성이 부양자로서 또한 스스로를 부양하기 위해 일을 하더라도, 잠시 용돈 벌러 나온 노동, 주 부양자를 보조하는 노동으로 취급된다. 여성의 자기 성취를 위한 노동은 '사치'로 간주하여 남성의 자리를 뺏은 듯 비난하고, 대우나 승진 등에서 불이익을 주고, 자를 땐 여성부터 자른다. 이런 관행들은 여자들의 노동에 대해 '제 장소를 벗어나 있다'는 인식이 여전함을 말해 준다. 그런 탓에 여성의 일터를 말할 때면 직장만이 아니라 꼭 가사노동이 같이 언급된다.

어느 날인가 식당에서 혼자 밥을 먹고 있는데, 옆 자리 젊은 남성들의 대화가 선명하게 들려왔다. 얼마 전 상견례를 마쳤고 곧 결혼한다는 남성이 대화의 주인공이었다. "우리 엄마도 나 중학교 때부터 일하셨거든. 그래도 도시락 다 싸 놓고 아침 다 차려 주고 출근하셨어. 근데 얘는 그렇겐 못 하겠다는 거야. 직장을 계속 다닐 거고, 집안일은 그만큼 할 수 없다고 지금부터 그러네. 아니, 우리 엄마는 평생 잘해 왔는데, 얘는 왜 못 한다는 거지?" 내 귀는 쫑긋 솟았고, 씹던 밥알도 속에서 곤두섰다. 그의 친구 중 하나라도 '그건 옛날얘기고 같이 살려면 가사 분담은 기본인 거지. 너도 일하고 그

—

사람도 일하는데 같이 하는 게 당연한 거 아냐?'라고 말
해 주길 기대했다. 허나 친구들 반응은 이랬다. "야, 참
그거 큰일이다. 요즘 여자애들이 그렇지 뭐. 너 고생길
이 열렸구나." 고생길이 열린 건 남자가 아니라 여자 쪽
인데, 정반대로 얘기되고 있었다. 그녀를 안다면 정말
이지 결혼을 뜯어말리고 싶었다. 이건 단막극이 아니라
연장을 거듭하는 주말 연속극일 거고, 당신의 수난이
클수록 클라이맥스가 지연될 거라고 스포일러를 전하
고 싶었다.

　더 화가 나는 것은 여성 스스로가 제자리를 벗어
난 죄책감과 미안함을 간직하고 있다는 것이다. 여성노
동을 취재한 책들에서 엄마인 여성 노동자들이 가장 많
이 하는 말은 "미안하다"이다. 엄마 노릇을 충분히 하
지 못해서, 더 잘 돌봐 주지 못해서 미안하다고 말이다.
이 말은 우리 엄마가 나에게 했던 말이기도 하다. 근데
뭐가 미안한 걸까. 직업 훈련의 기회와 가족적·사회적
지원을 전혀 받지 못한 것? 그럼에도 지치지 않고 닥치
는 대로 일한 것? 무슨 일을 하든 늘 '아줌마'라고 불렸
지, 노동자이자 직업인으로 대우받지 못한 것? 그렇게
번 돈으로 자신을 위해선 한 푼도 쓰지 못하고 자식들
교육에 몰빵한 것? 제 몸을 돌보지 못해 일찌감치 이를
모두 뽑고 당뇨병 등에 시달리는 것?

—

여느 엄마처럼 간식을 챙겨 주지 못한 것, 비 오는 날 우산 갖고 학교 앞에 오지 못한 것, 생일이나 기념일을 챙겨 주지 못한 것, 이런 것이 미안한 거라면, 그건 엄마가 미안해해야 할 일이 전혀 아니다. 정작 미안해해야 할 것은 여성의 노동에 절대적으로 의존하고 은밀히 노동을 강제하면서도 아닌 척하는 이 사회다. 여성에게는 모든 장소가 일터인데, 일터에 없는 유령처럼 대우해 온 시스템이 사과해야 한다.

엄마들이 해 온 노동은 자본주의 경제에서 정말 중요하다. 자본주의는 언제나 여성노동의 무급 및 유급 노동에 의존해 왔다. 하지만 그들은 수발과 보살핌노동에 비용을 지불하지 않는다. 그러니 주 부양자로 간주되는 남성에게 무급으로 제공되는 노동의 대가를 빼고 지불해도 된다. 그런 임금은 생활하기에는 모자라거나 불안하다. 그럼 여성이 나와 유급노동을 한다. 하지만 여성의 노동은 '추가'된 노동이나 '임시' 또는 '사치'로 취급하기에 저임금을 주고 승진이나 여타 기회에서 남자에게 양보하라고 한다. 너에겐 필수적이지 않지만 주 부양자인 남자에게는 꼭 필요한 일이라고 말이다. 대부분의 유급화된 노동도 집안에서의 역할을 이전한 것이기에 '여성화된 노동'은 다른 직종보다 저임금과 열악

—

함이 당연시된다. 여성 노동자에겐 '순종적'일 것이라는 기대가 부가되기 때문이다. 하면 할수록 남을 돈보이게 하고 남의 노동을 위해 소모되는 노동이 주로 여성에게 할당된다. 여성이 일을 하면 할수록 그 성과가 남에게 이전된다.

망각하고 있는 건, 다른 누구를 위해서이기 전에 일하는 여성 자신에게도 재생산노동이 필수라는 것이다. 일터에서 생생하게 일하려면 제때 좋은 걸 챙겨 먹어야 하고, 안전하게 쉴 수 있는 주거가 있어야 한다. 막힌 하수구나 수명이 다한 전등을 교체하는 일, 따뜻한 위로와 격려로 마음을 돌봐 주는 일, 아플 때 보살펴 주는 일 같은 게 여성 자신에게도 필수적이다. 이런 재생산노동이 '아내'로 은유되어('여자에게도 아내가 필요하다'는 식으로) 여성에게 전가되거나 여성이 희생할 몫으로 얘기돼 왔다면, 여성은 누가 돌보는가? 누구에게나 필요한 재생산노동에 대한 대가와 지원이 제공돼야 한다면 여성 역시 당연히 포함돼야 하고 우선순위가 돼야 한다.

1인 독립 가구가 늘고 있다. 1인이라도 엄연한 가정이기 때문에 재생산노동이 필수적이다. 본인이 할 시간과 체력이 되지 않으면, 돈을 주고 서비스를 이용하는 일도 늘어 가고 있다. 문제는 이렇게 사회화된 '재생산노동'도 집에서 여자가 하던 일이라는 굴레 속에서 형편없는 대가를 받는다는 것이다. 재생산노동은 여성의 일터를 위해서일 뿐만 아니라 누군가에게 '의존'하는 것이 존재 조건인 모든 인간에게 필요하다. 우리는 한순간도 타인에게 기대지 않고는 살아갈 수 없기 때문이다. 가사노동이란 '집안일'이 아니라 모두에게 필수적인 '재생산노동'임을 존중하고 모두에게 그것이 적절하게 제공될 수 있도록 책임을 나눠 짊어져야 한다. 어느 페미니스트 학자는 이렇게 말했다. "가사노동은 '탈젠더화'돼야 하고 국가가 이 노동에 대한 부분에서 이윤을 획득하는 '남성' 노릇을 그만둬야 한다."

일터는 영어로는 'workplace'인데, 주로 '직장'으로 옮겨진다. 직장이라 하면 매장, 공장, 사무실, 학교, 병원 등이 떠오른다. 곧 '임금노동'을 하는 곳을 말한다. 그런데 인간의 일은 임금노동에 국한되지 않는다. 훨씬 더 많은 일이 다양한 곳에서 무급으로 더 고되게 행해진다. 여성은 집을 포함한 온갖 곳에서 일하지만, 그런 장소들은 일터로 간주되지 않거나 그 열악함으로 인해 배제되고, 밝히기에 떳떳하지 못한 직장, 허드렛일하는 곳으로 묘사되곤 한다.

일자리를 뜻하는 영어 단어 'job'은 원래 때에 따라 이리저리 나르고 가져다 놓는 석탄 덩이나 장작더미를 가리키는 말이었다고 한다. 반면 경력이나 일생에 걸친 전문적 직업이라 할 'career'는 '잘 닦인 길'이라는 의미다. 졸속으로 급조되거나 양산되는 여성의 일자리는 주로 'job'이고, 그런 일자리는 장소를 만들지 못하게 한다. 일의 내용이나 일이 이루어지는 장소는 중요하지 않다는 의미가 job에 담겨 있다. 일터가 장소가 되지 못하면 거기서 일하는 사람들은 기계 부품이나 원자재 같은 소모품과 비슷해진다.

또한 장소는 물리적인 공간만을 말하는 게 아니라 거기서 맺는 관계를 포함한다. '제자리를 벗어난' 것, '임시'로 머무르는 존재로 간주되는 사람들과 '자기 장소'라고 정체화한 사람들이 맺는 관계는 어떤 것일까?

자기 장소성을 확보한 쪽은 '주도권, 독창성, 독립성'을 뻐긴다. 반면 다른 쪽에서는 눈에 띄지 말 것, 고분고분할 것, 보다 적극적으로는 '상대를 기쁘게 할 것'을 요구받는다. 독립 또는 자립은 혼자 하는 게 아니다. 장소를 공유하는 사람들의 경험과 반응이 중요하다. 주도권, 독창성, 독립성만큼이나 이타심, 배려, 연대감이 일에서 중요하다. 자신의 이익을 극대화하는 것과 타인을 돌보는 임무가 분리되는 것이 일터의 장소성을 파괴한다.

———

여성들은 일터를 자기 장소로 만들기 위해 '여성은 더 고분고분하다'라는 기대부터 꺾어 놓아야 했다. 한 여성 노동운동가는 이런 말을 남겼다.

"당신의 손끝에 놀아나는 원숭이도 있지만, 당신의 머리를 물어 버릴 사자도 있지요. 우리는 사자들입니다."

노동 건강에 관한 연구들에서 공통으로 지적하는 바는 '권한을 더 많이 가질 때 건강하다'는 것이다. 무력함과 복종을 요구받을수록 노동자들 건강도 나빠진다. 같은 직업이라도 여성들은 남성과는 매우 다른 환경에서 일하는 경우가 많다. 소위 여성의 영역이 아니라고 간주돼 온 비전통적 직업에 진출할 때는 화장실조차 마련돼 있지 않은 환경에 처한다. 거기에 화장실을 쟁취하는 것부터 여성들은 노동의 장소를 창조해 왔다. '건방져 보인다'는 이유로 의자를 주지 않을 때는 의자를 쟁취했다. 그들이 주지 않는 것을 노동자들 사이의 팀워크로 해결하며 서로의 건강을 돌봐 왔다. 그런 노동자들이 요구한 내용은 "우리가 똑똑하다는 것을 알려 주세요"였다. 일머리가 있다는 걸, 그것 때문에 당신들이 계획하지 않은 일들이 굴러가고 있다는 걸 말이다.

일하는 여성들의 캐릭터는 복잡하다. 숭고하거나 존경스럽지도 않고 마냥 불쌍하거나 가련한 것도 아니다. 여성 노동자에게만 허용되는 단순한 캐릭터가 아니라 다양하고 복잡한 캐릭터가 필요하다. 캐릭터의 창조는 어떻게 가능할까?

'슈퍼우먼, 알파걸'이 아니라, '더 열심히 일해서, 더 열심히 노력해서'가 아니라 평범한 여성들이 더 나은 삶을 누릴 자격이 있어야 한다. 혼자서 최고 자리에 오르기 위한 싸움이 아닌 협력과 동료애에 바탕을 둔 삶의 전망을 가질 권리가 있다. 여성은 충분히 과로해왔는데 더 과로하는 것이 우리의 문제를 해결할 리는 없다. 여성의 노동을 대하는 사회적 관계가 달라져야 노동 장소의 위기가 해결된다.

구별에는 수평적인 것과 수직적인 것이 있다. 저마다의 소질과 관심, 일에 부합되는 역량에 따른 차이가 수평적 구별이라면, 성별화된 구별은 수직적이고 위계적인 구분이고 차별이다.

2019년 제작된 민주노총의 한 포스터가 있다. 커다란 방송용 카메라를 어깨에 멘 여성, 파일럿 복장을 한 여성, 공구를 움켜쥔 여성, 건설 현장의 작업복과 안전모를 쓴 여성이 힘찬 눈빛으로 우리를 쳐다본다. "젠더 이분법을 뭉갠 언니들!", "성별 임금 격차 해소/성별 분업 해체, 우리도 그 일 할 수 있다!"라는 구호가 적혀 있다. 이 포스터의 여성들 눈빛에서 나는 이런 말을 읽었다.

'나는 쭉 여기 있어 왔고, 앞으로도 여기 머물 것이다. 나는 일터의 희생자도 영웅도 아니다. 생계를 위해서나 내 삶의 가치를 위해서나 이곳이 필요하고, 나는 이곳에서 맺는 관계에서 정당한 대접을 원한다. 우리가 같이 겪는 상황과 경험이 우리를 함께 묶을 것이고 우린 그 힘으로 세상을 바꿀 것이다. 나는 제 장소를 벗어난 것이 아니라 어디든 갈 수 있고 어디든 나의 장소로 삼을 수 있다.'

헬스클럽

- 뉴욕에서 오셨군요.
- 그걸 어떻게 알아요?
- 어깨를 만져 보면 알아요.

    휴양지에서 일하는 시각 장애인 안마사와 비장애인 도시 여성의 사랑을 그린 영화 속 대사이다. 딱딱하게 뭉친 어깨와 목이 뉴요커의 삶을 드러내 준 것이다. 그 뭉침은 그녀의 몸만이 아니라 마음도 지쳤다는 걸 알려 준다. 두 사람은 촉각적 시선으로 서로를 알아 간다. 시각적 시선은 표적을 겨냥하고 거리를 두고 자기 기준에서 보고 판단한다. 반면 촉각적 시선은 미리 잰 판단에서가 아니라 관계 속에서 어루만지며 상대를 알아 간다. 하지만 우리 몸은 촉각적 시선의 어루만짐이 아닌 시각적 시선의 폭력에 시달릴 때가 더 많다. 파고 파도 또 나오는 다이어트 비법과 스포츠센터 광고 전단을 피하지 않고는 거리를 지날 수 없듯이 말이다.

—

몸은 늘 이고 지고 끌고 다니는 누구나의 일차적 장소이다. 몸은 눈에 잘 띌 뿐 아니라 선명하게 감각된다. 몸은 잘 기능하기보다 문제가 생길 때가 많다. 눈가의 다크서클, 입가의 뾰루지, 퉁퉁 부은 종아리, 계단에서 신음하는 무릎, 소화가 잘 안 돼 더부룩한 배……, 늘 수리를 요하지만 새것으로 대체할 수 없기에 대충 쓰며 버티는 도구와도 같다. 몸은 걸어 다니는 이력서이자 그 자체로 내 전 생애가 전시되는 박물관이다. 몸은 내가 먹고 살아온 방식, 자세, 관계 맺는 태도, 학업과 직업적인 삶의 자국들, 건강 관련 징표들을 보여준다.

몸은 누구나 가지는 장소이지만, 그만큼 타인의 시선이 강요하는 '표준화, 획일화, 정상화'의 간섭을 많이 받기에, 내 것임에도 전혀 내 것 같지 않은 장소이기도 하다. 몸은 쉽게 '물화'된다. 즉 '사물'처럼 취급받는다는 뜻이다. '물화'되어 유난히 시선의 폭력을 많이 받는 몸들이 있고 그중엔 단연 여성의 몸이 있다. 일차적 장소인 자기 몸이 폭력에 노출돼 있다면, 여성은 장소 없는 존재이고 장소 없는 설움과 싸워야 한다. 자기 몸을 상대로 싸워야 한다는 게 그 비극성을 배가시킨다.

몸은 여성혐오가 시작되는 일차적 장소이다. 서구 남성들의 철학 전통에서 정신과 몸의 이원화는 오랜 것이었다. 그들은 육체를 경멸하고 정신을 부패하게 만드는 원흉으로까지 지적하면서, 영혼을 자극하는 음탕한 몸으로서 여성성을 지목하고 공격했다. 가령 나치가 유대인을 경멸하도록 교육할 때, "유대인은 여자다"라고 했다. 여기서 '여자'는 음탕한 몸을 도구로 독일인의 정신을 파멸시킬 '공포'이고 '위험'이다.

뒤집어 생각하면, 여성이 몸을 다른 식으로 사고하고 다른 식으로 움직인다면, 엄청난 지적·신체적·정서적 해방을 얻게 된다는 말이기도 하다. 그런 좋은 것을 차별적인 구조가 쉽게 허용할 리 없다. 일단 몸을 맘대로 다루지 못하게 한다. 못 박고 액자 하나 맘대로 걸 수 없는 곳은 나의 장소가 아니다. 액자를 걸 수는 있되, 타인의 눈에 그럴듯해 보이는 것만 걸어야 한다면 그 또한 나의 장소라는 충족감을 줄 수 없다. 장소 주권을 갖지 못하면, 몸을 포기하거나 또는 지나치게 가꾸거나, 극단으로 몰리기가 쉽다.

전통 동화에는 '동화'라는 틀과는 달리 끔찍한 이야기가 많다. '잔혹 동화'가 오히려 제 성격에 맞는 이름일 것이다. 그것들은 사회적 금기를 알려 주고 아이들을 엄하게 훈육할 목적을 담고 있다. 부러 금기를 만들고 그것을 어긴 아이가 얼마나 혹독한 대가를 치르는지

—

를 보여 주는 것인데, 벌 받는 자는 유독 여성이다. 경고를 어기고 들어가지 말라고 한 곳에 들어가거나 가지 말라고 한 곳에 간 소녀나 성인 여성이 벌 받는 얘기가 많다. 잠자는 숲속의 공주는 가지 말라는 방에 들어갔다가 물레에 찔리고, 인어공주는 가지 말라는 뭍에 오르려다 목소리를 잃는다. 모두 금기의 장소를 탐한 죄로 가혹한 벌을 받는다. 그중에서도 대표적인 것이 '푸른 수염' 이야기다. 결혼만 하면 아내들이 소리 소문 없이 사라진 전력을 가진 한 부유한 귀족 남자가 있다. 그는 또다시 결혼한 새 아내에게 '자기가 성을 비운 사이 다른 방은 다 열어 보되 마지막 열쇠의 방은 절대 열어 보지 말라'는 명령을 남기고 여행을 떠난다. 호기심을 참지 못한 푸른 수염의 아내가 방문을 열고 들어가 보니 전처의 시체들이 즐비했다는 오싹한 얘기다. '닫힌 방'과 '사용해선 안 되는 열쇠'는 여성에게 호기심을 품지 말고 질문도 하지 말 것을 경고한다.

여성에게 금기시되는 장소가 한둘이 아니겠으나, 그중에서도 전통적인 곳은 운동장이다. 나는 일찍이 운동장 모퉁이마다 그어진 선에서 '들어왔다간 큰일 난다'는 엄포를 들었다. 물론 그 금지선은 나에게만 보이는 것이었다. 솔직히 들어가고 싶지도 않았다. 그곳은 내게 공포의 장소이기만 할 뿐 어울리고 싶은 곳이 아니었기 때문이다. 체육 활동에서 열외된 채 교실에서 조용히 책을 읽는 것이 더 좋았다. 내가 '자율적'으로 책을 더 좋아해 선택한 것으로 생각했지만, 돌이켜보니 여성이 몸을 격렬하게 움직이는 활동은 나쁜 것이라는 통제가 내 몸에서 유효하게 작동한 것이었다.

내가 잦은 열외를 당한 이유는 다른 아이들보다 이르게 성장한 가슴 때문이었다. 또 굼뜬 움직임 때문에 집단 겨루기에 마이너스가 되기 때문이었다. 전력 질주하려면 아무리 조심(?)해도 가슴이 출렁거릴 수밖에 없는데, 그건 여자답지 못한 흉한 모습이라는 부끄러움이 내면화된 것이었다. 그렇다고 얌전히 뛰는 것은 운동장에 어울리지 않았다. 브래지어가 필요 없는 밋밋한 가슴의 친구들이 자유롭게 느껴졌고 부러웠다. 선생님 눈에도 고만고만한 아이들 가운데 낀 성년 여성의 몸이 거북스러웠던 것 같다. 고작 '가슴'이었을 뿐인데 말이다. 그래서 그렇게 자주 '열외'를 시켰는지 모른다.

반 대항 경기는 주로 이어달리기였는데, 내가 끼면 질 것이 빤하기 때문에 나는 애초에 열외가 됐다. 이웃한 외국인 학교와의 체육대회 때도 선생님은 나에게 교실에 남아 있을 것을 명했다. 비록 국민학교 친선경기라지만, 나라 이름을 내건 경기이니 반드시 이겨야 했기 때문이었다.

　　운동장에는 폭력이 가득했다. 남자아이들이 점령한 운동장에서 날아오는 야구공이나 축구공에 맞는 일, 물을 떠 대령하거나 응원전에 동원되는 수발노동(색종이 고리로 목걸이를 만들어 화환처럼 선수들 목에 걸어 주는 화동 노릇을 포함), 한 귀퉁이를 간신히 차지하고 고무줄놀이라도 하고 있으면 어김없이 당해야 했던 아이스케키(치마를 강제로 들추는 일, 고무줄 반바지를 입고 있으면 다가와서 바지를 내리고 도망가는 일)와 기습적인 가슴 만짐(뒤에서 달려들어 가슴을 비비고 도망친다. 뒤에선 무리가 지켜보며 웃고 있다), 정글짐에 불쑥 나타난 남자 어른들의 이상한 행동…….
　　그나마 운동장 구경을 하던 어린 시절은 금세 지나갔고, 입시 공부로 점철된 중고교의 운동장은 애국 조회나 집단 체벌을 받을 때 말고는 발 디딜 일이 없는 곳이었다. 입시 체력장 때나 반짝 밟았던 운동장에서 체력이라는 게 길러질 턱이 없었다. 하지만 '대학생이 되면'을 시작으로 '취직하면', '결혼하면', '애 낳으면' 괜찮아질 거라는 말로 더 많은 체력과 인내를 요구받았다. 내 몸에 대해 빌려준 원금도 없으면서 이자까지 요구했다. 그건 다이어트의 압박이었다. 이건 운동장만이

―

아니라 전 사회적으로 모든 방향에서 공이 날아오는 격이었다. '여자가 돼 가지고 몸 관리도 못 해서……' 하라는 대로 몸은 잊은 채 열심히 공부하고 일을 해 왔더니 난데없는 게으름뱅이 취급을 받게 됐다. 자기를 '포기'한 사람, '방치'한 사람…….

이제 운동하는 신체는 자기 관리의 표본이 되었다. '운동 안 하는 사람은 자기 관리를 안 하는 사람이다. 구직 활동을 위해서 운동을 해야만 하고 일을 하기 위해 체력을 갖춰야 한다.' 이게 요즘의 기본 교범이라면, 여성에게는 날씬함을 비롯한 몇 가지 옵션이 추가된다. 여성에게 운동장을 내주지 않았던 사회는 여성이 건강한 신체까지 알아서 갖춰 주길 바란다. 여성들은 재생산노동을 해내는 한편 노동력을 팔기에 충분할 만큼의 체력을 확보해야 한다. 일터에서는 감정노동을 더 많이 감내할 만큼의 정신적 근육도 요구된다.

하루만 쓸고 닦지 않으면 티가 나는 것처럼, 여성의 몸은 많은 티가 날 수밖에 없는 방치된 장소다. 마디마디 쑤시고 시큰거리고 잇몸이 주저앉고 무릎이 흔들리는 게 당연하다. 어떤 공간이 장소가 되려면, 그곳에 시간이 깃들고 머물러야 한다. 여성은 모든 사람에게 제1의 장소인 제 몸을 돌볼 시간이 모자라다. 운동장으로 맘껏 뛰쳐나간 이들의 치다꺼리와 독박 노동이 제 장소에 깃들 시간을 주지 않는다.

하지만 힘든 내색조차 하지 못한다. 괜찮지 않다는 티를 내는 것 자체가 수발노동의 흠이 되기 때문이다. 수발을 받는 상대의 맘을 편안하게 해 주는 것도 수발노동에 포함된다. 안 괜찮은 티를 내는 수발노동은 전혀 고맙지 않은 일이 돼 버린다. '별것도 아닌 일 하면서 생색낸다'는 타박을 받느니 묵묵히 견디면서 '고맙다'라는 공치사라도 듣는 게 낫다고 여긴다. 그렇게 정물화처럼 늘 있던 대로의 모습을 연출하려 한다.

그렇게 자기 돌봄을 저 멀리 치워 둔 노동 속에서 운동 같은 건 '팔자 좋은 소리'로 여기는 몸들은 방치된 장소에 폐기물이 쌓이듯이 퇴적된 고통을 안고 있다. 운동장 주변부에서 맞닥뜨리는 이런저런 눈치와 공포가 몸과 맘을 긴장시키는데 그것 자체가 엄청난 피로감을 준다. 하지만 사회는 여성들의 그런 질병에는 이름 붙이는 것조차 인색하다. 이름 없는 장소는 눈에 띄지 않고 돌봄을 받지 못한다. 반복적인 가사노동과 돌봄노동에서 오는 질환들은 가정에서는 '그저 그러려니' 병이고, 일터에서는 측정조차 되지 않는 '보이지 않는' 병이거나 '예민'병이고, 분노를 분노로 인정하지 않고 묵살하는 이들이 진단하기에는 '히스테리'병이다.

—

아픈 티를 내지 못하는 여성은 자연스레 늙어 가지도 못한다. 대다수 여성의 건강에 위협적인 다이어트의 절친은 '영원히 지속되는 젊음'이 아니던가. 중후한, 연륜이 묻어나는, 인생의 여유를 아는…… 이런 수사는 남성의 늙음에 붙는 말들이지 여성의 것은 아니다. 어릴 적 할머니의 대표적 묘사는 '꼬부랑'이었다. '꼬부랑 할머니가 꼬부랑 고갯길을 꼬부랑 꼬부랑'이라는 가사의 노래까지 있었다. 허리가 90도로 휘어진 할머니들을 요즘도 골목길에서 자주 본다. 얼마나 허리 펼 일이 없었으면 저렇게 휘도록 방치했을까? 안타까움은 곧 공포로 치환된다. 꼬부랑 할머니가 마녀의 지팡이로 변신한다. 노화의 공포는 특히나 '늙은 여성'으로 상징된다. 마녀의 이미지는 젊은 여성이 아니라 '해골이 드러날 정도로 주름살이 패인 여성 노인'의 모습이다.

수전 손택은 남녀 간 '나이듦의 이중 잣대'를 비판하면서 "그들은 여성인 자신을 보호하느라 성인인 자신을 배반하고 있다"고 했다. 젊음에 집착하는 여성은 성인이 되려 하지 않는다는 것이다. 연륜을 보이기보다 젊어 보이기를 선호하다 보면, '경험이 적은', '미숙한', '칭얼거리는', '제 나이도 모르고 귀여운 척하는' 식의 덤터기도 따라올 수밖에 없다.

—

이런 식의 병과 공포가 나를 운동장으로 집어넣은 것이야말로 아이러니이다. 평생 발 들일 일 없을 걸로 생각했던 헬스클럽에 마흔아홉 살에 등록하게 됐다. 더는 감출 수 없는 질병과 비만, 노화에 대한 공포가 금지된 방에 열쇠를 꽂게 했다. 3년여가 지난 지금, '피트니스'에 대한 책까지 썼고, 운동은 내 몸의 세포가 됐다. 페미니즘의 전술 중 하나가 육체를 복권하는 것이라는 말을 실감하게 됐다. 학교는 이 좋은 걸 왜 교육하지 않았지? 왜 나를 늘 운동장 밖으로 내몰았지? 운동의 기쁨을 알게 될수록 분노도 커졌다. 진작 배웠더라면, 내 삶의 상당 부분이 달라졌을 거라는 걸 온몸으로 이해했기 때문이다. 체력은 '내 몸'이라는 장소에 시간이 깃들어야만 생기는 것이었고, '나'라는 장소를 익힐수록 나 자신이 편해졌다. 비빌 언덕이 생기니 타인에게는 더 너그러워졌다. 데드리프트, 스쿼트, 벤치프레스 등을 할 수 있게 된 것만이 아니라, 시선의 폭력을 촉각적 시각으로 바꿔 가는 힘을 느끼게 됐다.

맨 처음 헬스장에 들어섰을 때 나의 눈은 남성적인 응시의 그것이었다. 이런 배로 윗몸 일으키기 하면 추해 보이지 않을까? 가슴이 너무 덜렁거리는데 마운틴 클라이밍 같은 격렬한 동작은 하지 말까? 잘하지도 못하면서 웨이트 존에서 머신을 차지하고 있어도 되나?

이건 남자들 자리 같은데, 런닝 존에 여자들이 많은데 그리로 갈까? 살 좀 뺀 후에 이쪽(웨이트 존)으로 옮겨 올까? 내 몸을 그런 눈으로 볼 뿐 아니라 다른 여성의 몸도 그런 눈으로 대했다. 그런 시선의 폭력에서 자유로워진 순간 진짜 운동이 시작됐다.

영화계에는 벡델 테스트라는 게 있다. 첫째, 두 명 이상의 이름을 가진 여성이 등장할 것, 둘째, (어느 시점엔가는) 두 여성이 서로 대화를 나눌 것, 셋째, 대화의 주제는 남자와 관련한 것이 아닌 다른 문제일 것. 세 기준을 만족해야 영화 성평등 테스트를 통과한다. 이걸 헬스장의 벡델 테스트로 바꾸면 뭐가 될까? 앞의 두 개는 그대로 두되, 세 번째 규칙은 계속 추가될 것 같다. 대화의 주제는 '살 빼기가 아닌 다른 문제일 것', '서로의 몸매 품평이 아닐 것', '뭘 먹었다는 자책이 아닐 것', '허벅지 굵어진다는 걱정이 아닐 것', '내일부터는 굶겠다는 다짐이 아닐 것'…….

지금은 내 몸이 어떻게 보일까가 아니라 내 자신의 운동 기록에 신경을 쓴다. 어제보다 조금이라도 더 무거운 걸 들고 싶고, 한 개라도 더 버티며 하고 싶다. 웨이트 존에 서는 걸 두려워하지 않는다. 간혹 "이 머신 쓰고 있는 것이냐?"며 성가신 투로 끼어드는 사람에게는 "내 운동이 몇 세트 남았다"라고 분명하게 대꾸할 줄 알고, "도와드릴까요?"라고 친절하게 끼어드는 사람에게는 "괜찮습니다. 제가 할 수 있어요"라고 할 줄 알게 되었다.

버리는 연습을 계속해야 할 것은 '일자(the one)'에 대한 집착이다. 여성은 언제나 '다자(the many)'이고 그런 만큼 다양하다. '내가 운동을 해봐서 아는데'가 아닌, 다양한 처지의 여성들 상황을 고려하는 게 필요하다.

운동장이 금지되던 예전과 달리 요즘은 여성의 육체 활동에 열광한다. 여성의 운동을 억압하면서도 국가 대항전에서만 유독 '태극 낭자들'에 열광하던 과거와는 다른 성격의 열광이다. 남성들만의 종목으로 여겨졌던 축구, 야구 등에서 여성들의 참여와 움직임이 활발해졌다. 헬스, 요가를 넘어 암벽 타기, 철인 경기 등 거칠고 위험한 운동들도 생활 체육의 영역이 됐다. 이건 반갑고 좋은 변화임에 틀림없다.

한편으로는 경계심도 있다. 자기계발서의 변형처럼 '잘나고 멋진' 여성에 꽂히는 것, '멋진 언니'와 '성공 서사', '예쁘고 용감하고 활발한 여성'에게 많은 여자가 열광하는 분위기에서 어느 순간 '날으는 날으는 원더우먼이 돼라'는 명령이 들리는 것도 같다. 운동에서 '과잉 대표'되는 여성들을 롤 모델 삼아 '보다 강인한 개인이 돼라'는 명령이 작동하는 것은 아닌지, 소비주의와 결합한 라이프스타일로 여성이 운동장에 초대된 건 아닌지 의심도 간다.

자본주의 주변부에 방치돼 온 여성들의 입장, 잠잘 시간도 모자라서 통통 부은 몸으로 경직된 자세의 노동을 반복하는 여성들 입장에서는, '운동을 해야 한다'는 게 어떤 명령으로 느껴질까? 오래 앉아 있거나 서서 노동하는 여성들에게는 운동은 고사하고 몸 펴기 체조라도 할 수 있는 시간과 장소가 절실하다.

편견이 반드시 혐오하거나 싫어하는 태도로 나타나는 것은 아니다. 잘난 것을 당연하게 여기고 추켜세우려는 태도로 나타나기도 한다. 이것 역시 편견이다. '하나의 여성', 하나의 동일성이나 일반성으로 실체화할 수 있는 여성의 운동은 없다. 여성의 몸이 보내는 다양한 소리에 귀 기울이다 보니 감응하게 되는 것, 그것이 우리가 공유하는 운동의 워밍업이 아닐까.

파티장

부부가 자기 집으로 초대하는 모임에 갔다. 바쁘다는 말, 또는 불편해서 싫다는 말(사실, 이게 진심인데)로 거절할 수 없는 그런 모임이 있게 마련이다. 아니나 다를까, 불편함의 향연이 펼쳐졌다. 여주인은 잠깐 고개만 내밀었다가 주방에서 나올 줄을 모른다. 주방에서 남주인을 호출할 때마다 목소리 톤이 갈라져 가는 게 느껴진다. 뭔가 심기가 영 불편한 것 같다. 일어나서 주방으로 향했다가 돌아오는 남주인의 표정도 뭔가를 잔뜩 참고 있는 듯하다. 아마 파티의 준비 단계부터 노동의 분배가 어긋나서일 것이다. 이 폭발 직전의 긴장 분위기를 모르는 척하고 터트리지 않는 게 손님의 역할이다.

"좀, 나와서 같이 드세요."
"아니에요. 먼저들 드세요."
"같이 좀 앉으세요."

———

"아니에요. 전 할 일이 아직 남아서요."

여주인이 서빙하는 종업원이 아닌 이상 그냥 두고 식사를 하는 손님 맘이 편할 리가 없다. 부인은 결코 합석하지 않고 끊임없이 이 음식 저 음식을 날라 오고, 남편은 손님을 향해 웃었다가 부인을 보고 찌푸렸다 이중 얼굴을 하고 있다. 본격적인 긴장은 식사를 대충 파하고 술자리가 시작되면서다. 남자들은 정치 얘기와 정치인 품평으로 열을 올리기 시작하는데, 여자 손님은 하나둘씩 사라지기 시작한다. 같이 먹은 상차림에 여성만 증발시키는 묘약이 담긴 것은 아닐 터일 것이다. 나는 그녀들이 사라진 곳을 알고 있다. 바로 주방이다. 나는 내 손발을 꽁꽁 묶으려고 속으로 기합을 준다. '절대 일어나면 안 돼, 일어나지 마, 일어나지 않을 거야!'

거실과 주방 안팎의 소리가 들려온다. '저 여자는 왜 안 일어나지?' '퍼질러 앉아서 계속 술을 마셔 댈 모양이지?' 물론 내 귀에만 들리는 소리지만, 볼륨 조절이 안 된다. '지금이라도 일어날까? 내가 가고 난 후에 얼마나 흉을 볼까?' 손님의 자리가 거실과 주방으로 분단된 채 자리를 파하게 된다. '다시는 결코 다시는 그런 초대 자리에 응하지 않겠다'고 다짐하는 귀갓길의 마음은 전투를 치른 듯 처참하다.

—

정체성과 특정 장소는 뗄 수 없는 관계에 있다. 여성이라는 정체성과 역할이 재생산되는 것은 그런 장소에서 맺는 관계에서다. 고유성과 개별화가 증발하는 것은 개인의 탓이 아니다. 여성은 모두 다르다. 하지만 '여성'이라는 일정한 사회적 지위에 소속되게 된다. 그 지위는 사회관계의 형식으로 실재한다. 초대 자리는 개인성을 실현하는 게 얼마나 어려운 것인지를 깨닫게 해주는 자리다.

'여자답게'는 있으면서 왜 손님은 '손님답게' 대접받으면 안 되는 거지? 도움이 필요하다면, 모임을 파하기 직전에 모두 함께 정리를 도우면 되잖아? 아니면 손님이 돌아간 후에 부부가 같이 하면 되잖아? 왜 여주인은 돕지 않는 것에 대한 불만을 그런 식으로 표출하고, 남주인은 눈치를 볼 뿐 적극적으로 함께하지 않는 거지?

"이따가 같이 해요." 이런 말을 아무리 해도 아무도 귀 기울여 듣지 않는다. 그런 자리에서 수발노동을 위해 '일어나지 않는' 건 에베레스트 등반보다 더 힘들다. 부엌으로 쏠린 '집단'이 나를 얼마나 이상한 '여자'로 취급할지 알기 때문이다. 거실의 술상에 앉아 있는 '집단'이 또 다른 각도에서 나를 얼마나 별난 '여자'로 대하는지 알기 때문이다. '여기 여자가 어딨어?'라며 남

—

성화된 동료로 받아들이든지 아니면, '사회적 상식을 벗어난 내놓은 여자'로 취급할 것도 안다. 모임에 온 사람들이 특별히 나쁘거나 보수적이거나 해서가 아니다. 악의 없이 그저 해 오던 대로 역할을 재생산할 뿐이다.

사회적 관계 속에서 이미 지위와 자리가 나뉘어 있다. 작정하고 못되게 굴려고 해서가 아니라 이미 특권적 지위를 차지한 모종의 집단 속에 자신이 속해 있다는 걸 잘 모른다. 많은 개인이 매일같이 하는 행동들은 그런 지위와 자리의 구분을 유지하고 재생산하는 데 한몫하고 있다. 하지만, 그저 하던 대로 할 뿐이이시 자신이 성차별을 수행하고 있다는 점은 미처 깨닫지 못한다. 초대 자리에서 손님들이 충실히 행한 역할극처럼 말이다.

집이 아니라 밖에서 판을 벌이는 건 또 어떤가? 요즘은 집으로 초대하기보다는 음식점에서 모이는 경우가 많다. 그런 초대 자리에서도 여성은 온전한 손님이 되는 경우가 드물다. 가위나 집게 같은 걸 자연스럽게 여성 앞으로 놓고 가기 때문이다. 싹싹하게 그걸 챙겨서 굽거나 잘라서 배분하는 역할을 자임하는 남성은 사랑받는다. 칭찬이 깨처럼 쏟아진다. 반면 여성이 하면 당연한 줄 안다.

같이 먹을 때 보살펴야 할 사람이 있으면 식사가

늦어질 수밖에 없다. 어린아이나 노부모를 동반하거나 했을 때이다. 이리저리 수발들다 보면, 제 입에 들어가는 것을 챙길 여력이 없다. 간신히 먹인 후에 뒤늦게 수저를 들라치면, 주요리는 바닥을 드러낸 뒤이고 인기 없는 밑반찬들만 말라비틀어진 채 남았을 뿐이다. 설움이 터지려는 순간, "아고, 배터지게 먹었다" "다들 잘 먹었지?" "그럼, 정말 잘 먹었다" "이제 그만 갈까요?"라는 소리를 듣는다.

충실한 가정부, 요리사, 서빙만이 여성에게 기대되는 역할노동의 끝은 아니다. 술자리나 특별한 파티 자리에서 남성이 '밝히는' 것은 소위 '파티 걸'이다. '파티 걸'은 잘 알다시피 아주 불쾌한 표현이다. '사치스럽고 머릿속에 즐기는 것만 가득하다'거나 미국식 속어로는 '헤픈 여자', '창녀'라는 뜻이기도 하다. 영어사전을 찾아보면 "1.(파티 등에서) 남자의 접대역으로 고용된 여자=PROSTITUTE 2.《미 · 속어》(파티에 다니며) 놀고만 지내는 여학생"이라 되어 있다.

하지만 한국 언론들은 '파티 걸'이란 단어를 아무렇지도 않게 소비한다. 유명 연예인의 이름을 언급하며 '○○○ 파티 걸 화보', '○○○ 파티 걸로 파격 변신', 이런 식으로들 써 댄다. 중대한 성폭력 사건들이 소위

'파티 걸'과의 관계에서 벌어지는데, 많은 사람이 남성의 행위가 아니라 '파티 걸'을 문제 삼아 성폭력이라는 범죄의 성립 자체를 인정하지 않으려 한다.

여기서 '논다'거나 '놀 줄 안다'라는 말의 이중성을 느낄 수 있다. 이 말의 주어가 누구냐에 따라 그 의미가 완전 정반대다. '풍류를 안다', '놀 줄 안다'는 말이 칭찬이 되는 성별이 있고, '논다'는 말이 낙인이자 비난이 되는 성별이 있다. 법으로 단죄해야 할 범죄 행위조차 '노는 행위'로 봐주는 행태는 여성을 노는 일에서 배제할 뿐 아니라 또 다른 공포를 안겨 준다.

인간은 생각하는 인간, 노동하는 인간일 뿐만 아니라 '노는 인간(호모 루덴스)'이기도 하다. 파티나 잔치, 캠핑, 엠티 같은 것은 일상의 판에 박힌 반복을 깨고 활기를 불어넣는 신나는 일이다. 이런 장에서의 배제는 여성은 '노는 인간'이 될 수 없다는 것이고 그것은 여성에 대해서 줄기차게 반복되어 온 '덜-인간(less-human)' 취급의 일환이다.

흥에 겨워 또는 특별히 기념하거나 축하할 일이 있으면 술집 등에서 파티를 벌이거나 엠티를 가곤 한다. 여성들끼리 '호모 루덴스'가 될 때면 꼭 흥을 깨고 들어오는 무리가 있다. 일단의 남성이 끈질기게 합석을 요구하거나 같이 놀자 하여 분위기가 깨지는 일이 많다. 거절을 거절로 여기지 않고, 두 번 세 번 들이댄다. 자기들끼리 순번을 정했는지 번갈아 다른 멤버를 보낸다. 거절받고 돌아서면 그쪽 무리에서 손뼉을 치며 좋아한다. 빗맞았다고 친구를 놀리는 느낌이다. 그럴 때 그들은 표창이고 우리는 다트 놀이의 표적이 된 느낌이다. 문제는 불쾌감에서 끝나지 않는다. "에이 더럽게 콧대 세네"라는 험한 말과 함께 폭력적 상황으로 치닫는 건 순식간이다. 분위기가 망쳐진 우리가 불상사를 피하려고 지레 자리를 옮겨야 하는 경우도 있다. 엉망이 된 기분을 추스르는 일이 애써 준비한 파티의 피날레가 되기도 한다. 여성들이 '흥'을 나누려면 '안전 가옥'이라도 짓거나 대여해야 하나?

남성과 여성이 고루 섞였다고 해서 안전한 것도 아니다. '파티 걸' 역할에 대한 요구와 그에 대한 불편함이 교차한다. 상황에 따라 다르겠지만, "남자가 부르는 게 어디 권주가인가?" "술은 여자가 따라야 맛이지" 같은 구습이 된 말을 노골적으로 뱉을 순 없는 시대라고들 한다(하지만 아직도 이런 일이 직장 괴롭힘 사례의 대표 목록이다). 노골적인 말은 사회적 눈치라도 본다지만, 은근한 요구는 여전하다. 그들은 '파티 걸'을 원한다. 화끈하게 놀아 재끼고 분위기를 띄워 주는 역할 말이다. 야한 춤을 출 줄 알고, 탬버린을 섹시하게 흔들 줄 아는 것, 야한 농담을 걸쭉하게 때론 맛깔스럽게 받아쳐 주는 입담 같은 것 말이다. 그렇지 못한 여성, 대하기에 껄끄러운 여성이 동석하고 있으면, "여자들 오냐?" "여자들 오는 거 맞지?" 물으며 확인하고 또 확인하는 남자들이 있다. 그런 자리에서 여성은 전통적으로 남성이 여성을 갈라 온 이중 잣대인 '창녀'와 '요조숙녀' 사이에서 갈등한다. '파티 걸' 역할을 잘하는 여성을 보면, 묘한 이중 감정을 느낀다. 질시와 거북함이 교차한다. 여성은 잘 끼어 놀아도 욕을 먹고 안 끼어도 욕을 먹는다. 사회적 유대와 관계의 장에서 배제되는 건, 내 개별성 때문이 아니라 여성이라는 사회적 지위 때문임을 실감하게 된다.

장애를 가진 한 활동가는 어느 책에서 말한 적이 있다. 자기가 편의시설이 갖춰진 건물에 휠체어를 타고 들어가서 일할 수 있다고 해서 그 장소에 완전히 또 충분히 받아들여진 건 아니라고 말이다. 영미권에서는 흔히 손님들이 음식을 가져오고 주인은 장소만 제공하는 포트럭 파티(Potluck Party)가 자주 열리는데, 자기는 그 파티에 초대받은 적이 한 번도 없다고 했다. '안녕' '주말 잘 보내', 이렇게 인사를 하고 헤어진 뒤 자기들끼리 파티에 가는 사람들과 초대받지 못한 사람이 있다. 같이 일을 하지만 자신을 동료로 여기는지 잘 모르겠는 심정이 드는 건 당연하다. 마찬가지로 '노는 인간'의 축에 들 수 없는 여성이 어떤 장소의 진짜 구성원일 수 있을까? (자신의) 운명을 사랑하라. '아모르파티'는 아무나 할 수 있는 게 아니다. 여성은 '아모르파티'를 걷어치워야 제대로 파티를 즐길 수 있다.

이 꼴 저 꼴 겪지 않고 간혹 집에서 편한 친구들끼리 질펀하게 놀고 싶다. 그러려면 집이나 방이 있어야 하는데, 내 친구 중엔 그런 장소를 가진 사람이 거의 없다. 그의 장소가 아니라 가족들의 장소이거나 홀로 살아도 사람을 부를 만한 장소는 되지 못한다. 그럴 때마다 떠오르는 게 오래전 부엌에 대한 추억이다.

벌써 이십여 년 전 얘기다. 나는 뉴욕의 컬럼비아대 인권센터의 초청을 받아 한 학기 동안 국제기숙사에서 지내며 인권 수업을 받았다. 세계 곳곳에서 초대받아 온 나 같은 사람이 십 수 명이었다. 향수병, 특히 음식에 대한 향수에 시달리고 기숙사의 똑같은 메뉴에 질려 버릴 무렵 구원자가 나타났다. 우리와 수업을 같이 듣던 유대계 미국인 샤론이었다. 그녀는 자기는 부엌만 제공할 테니 우리더러 와서 실컷 음식을 만들어 먹

으며 놀자 했다. 말은 그렇게 했지만, 나는 그녀도 주인
으로서 뭔가 준비하리라 기대했다. 그녀는 정말 아무
것도 준비하지 않았다. 내가 아는 주인과 손님의 상식
을 벗어난 것이라 놀랐다. 아무튼 우리는 각자 준비한
재료로 신나게 요리를 했다. 나는 불고기와 잡채를 만
들었고, 또 누구는 신맛의 야채 버무림을, 누구는 밍밍
한 생선찜을 만들었다. 요리에 자신 없는 사람은 자기
네 나라 술과 음료를 가져왔다. 한국, 타이, 남아공, 잠
비아, 러시아, 브라질 등 세계 음식이 다 모인 듯했다.
포크와 나이프도 모자라, 어느 순간 우리는 부엌 바닥
에 앉아 손가락으로 음식을 퍼먹고 있었다. 병뚜껑을
비롯해 뭘 담을 수 있는 것이면 뭐든지 꺼내 술잔으로
삼았다. 얘기는 오락가락했다. 복잡한 연애사를 늘어놓
는 사람, 이혼 경험과 양육비도 지급하지 않는 남편에
대한 분노로 울먹이는 사람, 갑작스럽게 게이라고 커밍
아웃하는 사람, 자기 나라에서는 한 번도 입어 보지 못
했다는 미니스커트를 자유로 느끼는 사람······. 자기들
이 입고 있던 꺼풀을 하나둘씩 벗어던지는 것 같았다.
성별, 나이, 종교, 문화 등이 죄다 달랐던 우리지만 어
느새 모두 거리낌 없이 부엌 바닥에 누워 뒹굴고 있었
다. 누군가 노래를 흥얼거리기 시작했다. 서로 뜻도 모
르지만 느낌에 따라 구슬프게 또는 흥이 나게 맞장구

—

를 쳤다. 서로의 투쟁가에는 '으쌰으쌰' 기운을 불어넣었다. 질펀하게 놀고 나서 우리는 헤어져 각자의 장소로 돌아갔다. 누구는 난민 캠프로 돌아갔고 누구는 내전 지역으로 가기도 했다. 샤론의 소식은 몇 년 후 들었다. 졸업 후 네팔에 가서 빈곤 아동 돌보는 일을 했는데, 위암으로 서른셋에 죽었다 했다. 그녀에게 못다 들은 그녀 삶에 대한 얘기는 그녀의 아버지가 애도의 맘으로 쓴 『나의 딸 샤론』이라는 개인 출판한 책을 받고 알았다.

샤론은 자신의 부엌 같은 장소를 세계 곳곳에서 만드는 게 꿈이었다 한다. 판을 벌이고 사람들이 자유롭게 와서 난장을 벌이는 그런 곳 말이다. 그녀는 흥을 좋아했다. 주인도 손님도 아닌 같이 어울리는 것에서 그 흥이 나왔다. 누군가가 해야만 하는 당연한 역할이란 건 없고, 더군다나 특정 성별이 그 누군가가 되는 것은 파티의 흥이 될 수 없다. 파티의 기획자이자 주재자이자 참여자인 나 자신이 '흥' 자체가 될 수 있는, '노는 인간'의 꿈을 나눠 준 그녀의 장소를 오래 기억하고 싶다.

나는 사무실에 '술방'이라 불리는 방을 갖고 있다. 원래는 세미나 방인데, 먹고 마시기를 더 많이 하다 보니 어느새 사람들이 '술방'이라 부른다. 고되고 힘든 경

—

험을 나누는 것만이 아니라, 흥과 재미를 나누는 것도 힘이 된다. 사람에겐 그런 흥의 장소가 필수적이다. 흥의 장소를 고역과 감정노동의 장소로 빼앗아가지도 빼앗기지도 말았으면 좋겠다. 여성은 엄연히 '노는 인간'이고 흥의 장소를 누릴 권리가 있다.

회의장

나는 섬이다. 모든 사람은 섬이라는 무슨 노래 가사가 아니다. 나는 그야말로 섬이 되었다. 회의실에 먼저 도착한 사람들끼리 인사를 나누고 명함을 교환한다. 뻔히 보이게 앉아 있는 나를 건너뛰고 악수와 명함이 오간다. 혹시나 했는데 역시나이다. 이번 회의 팀에서는 언제쯤 나에게 명함을 줄 것인가? 속으로 나만의 경주를 시작한다. 섣불리 발언을 하지 않는다. 의례적 발언으로 기회를 낭비하거나 날 가볍게 볼 기회를 줘서는 절대 안 된다. 적시에 혹, 어퍼컷, 스트레이트를 잇달아 날려야 한다. 그래야 내 발언을 들어 볼 가치가 있다고 돌아볼 것이고, 일에 이용 가치가 있다고 판단되어야 비로소 나에게 통성명을 하고 명함을 줄 것이다. 오랫동안 이런저런 회의에 참여해 온 나의 태세는 이러했다. 때론 비장함이 철철 넘치기도 한다. 이게 나만의 경험인가 했더니 아닌 것 같다. 한 인권 변호사의 칼럼을 보니 상대방이 이분을 아예 뛰어넘고 인사를 하거나 명함을 내미는 경험을 했고 공기 취급을 받았다고 했다. 젊은 여성은 전문직이라 해도 '공기' 같은 존재로 받아들여진다. "공기가 마이크 전원 버튼을 누르고 말을 하기 시작하면, 다들 세기의 발견을 한 것처럼 깜짝 놀란다"고 했다.

낯선 이들에게서만 섬이 되는 것은 아니다. 이 분야에서 나를 알 만한, 나보다 경험과 경력이 한참 모자란 남성(사적 장소에서는 누나, 선배님이라 부르는)도 공적 장소에서는 나를 섬으로 만드는 걸 별로 개의치 않았다. 한번은 저명한 국제인권단체가 방한하여 간담회를 했다. 나는 그 단체에서 오래 인턴을 하기도 했고, 방한 대표자와는 절친이기도 하여 국내 일정의 상당 부분을 코디했다. 일은 쉬는 시간에 벌어졌다. 나를 바로 옆에 둔 채 남성들이 기자들과 명함을 주고받았다. 이번 방한의 목적과 활동에 대한 질문들이 있었고, 그 남성들은 자신들이 '소식통'이라 했고, 기자들은 '잘 부탁한다'고 했다. 내가 바로 곁에서 듣고 있는데 그런 판이 벌어지는 걸 보니, 비가시적인 존재라는 말이 사무쳤고 내가 살아 있는 유령이 된 느낌이었다.

회의 참가자 대부분이 남성이던 과거에 비하면 요즘은 그래도 3분의 1은 여성이고, 반반인 경우도 흔해

—

졌다. 나의 발언에도 비장감이 조금 빠지고 얼마간 여유가 생겼다. 외로운 섬이자 살아 있는 유령들의 분투 덕분일 것이다. 단지 성별만이 아니라 발언력에서 사회의 다양성을 충족시키기에는 아직 갈 길이 한참 멀지만 말이다.

의사 결정 권력, 의사소통에서의 불평등은 사회적 지위나 물질적 불평등과 뗄 수 없는 관계에 있다. 그나마 나는 링에 올라 볼 기회라도 누려 왔다. 그런데 주위 사람 중 회의에서 의견을 말해 본 경험이 있는 사람은 얼마나 될까? 말해 보는 것에 그치는 게 아니라 그 의견이 진지하게 청취되고 채택된 경험은 또 얼마나 될까? 의장으로 회의를 이끄는 역할을 해본 사람은? 복권 당첨자만큼 희귀하지 않을까. 특히 여성이거나 나이가 상대적으로 적거나 많거나, 그밖에 사회적으로 불리한 요소를 가졌다면 말이다.

초중고를 다니는 내내 학급 회의란 게 있었다. 반장 또는 회장이 학교의 지시 사항을 요약 발표하고, 그에 따른 결의 사항을 정한다. 우리가 회의에서 할 수 있는 것은 그 결의에 들어갈 세부 항목을 제안하는 것이었다. 가령 학교가 '청결 주간'을 정했으면, 우리는 '실내화를 꼭 착용한다', '쓰레기를 버리지 않는다'는 식의 행동 방침을 제안하는 것이다. 조회와 종례에서는 '오늘의 급훈' 내지 '주간 목표' 달성에 대한 점검이 이뤄졌다. 자율학습 참가율, 지각률, 폐품 수집률, 불우이웃돕기 성금 모금률……, 우리에 대한 평가만 있었지, 우리가 평가할 대상은 없었다. 한편, 반장 또는 회장인 남자아이가 의장을 하고, 부반장 또는 부회장인 여자아이는 서기를 했다. 회의 내용을 빠짐없이 기록하는 것이 서기의 역할이다. 물론 기록하기 바빠 의견을 말할 정신은 없다. 회의 일지를 작성하고 선생님께 결재를 받아 잘 간수하는 것이 서기의 책임이었다. 과거에는 의장을 뜻하는 말이 '체어맨(chairman)'이었지만, '체어퍼슨(chairperson)'으로 바뀐 지 꽤 됐다. 그럼에도 입에 올리기가 아직도 어색한 것은 오래전 몸에 익은 역할 구분 때문인 것 같다.

대학에서는 성인인 우리와 대화를 하려는 교수나 교직원, 당국을 겪어 보지 못했다. 우린 그저 '학생 애들'이었다. 자치체인 학생회에서의 '총회'라는 것은 동맹파업이나 총궐기 등 결의를 위한 것이었지 토론을 위한 자리는 아니었다. 직장에서의 회의는 간접적으로 겪어 봤을 뿐인데, 대개들 회의란 지시를 받아 적거나 미진한 집행에 대한 질책을 듣는 자리지, 대등한 토론을 하는 자리는 아니라 했다. 계급장 떼고 자유롭게 토론

—

하는 회의는 외신에 소개되는 글로벌 기업 문화라 했다. 드라마에서는 '된통 까였다'라는 말이 회의실에서 나온 사람들의 대표 대사. 내가 수십 년 겪어 온 인권 단체에서의 회의는 토론의 마라톤이어서 한번 하고 나면 기진맥진해지고 도통 뭘 집행해야 할지 모르겠는 대의의 향연이었다.

그렇게 회의나 토론하는 법을 제대로 훈련받지 못한 채 덜컥 나이 먹고 경력이 생겨 버렸다. 이런저런 조직의 인권 관련 자문이나 토론회 참여자로서 회의 자리만 늘어났다. 여성이라는 '섬'이어서 힘든 일이 많았다면, 또 다른 도전 과제들이 만만치 않다.

대략 난감은 '남자보다 더 잔인한' 여자를 맞닥뜨릴 때이다. 젠더 관점이 지정 성별에서 나오는 게 아니라는 걸 젠더 관점이 부족한 사람들은 기가 막히게 알아채고 편을 먹는다. 소위 할당제를 의식하여 여성을 적당한 수로 채워 구색만 갖춘 자리에서 만난 여성이 반여성적이고 노동 적대적이고 타자에 대한 존중이 결여된 인물일 때, 그 캐릭터는 더 도드라진다. 여성에게 불리한, 낙인을 찍는 결정이 '여 대 여' 대결로 구성되고 그걸 은근히 즐기는 이들에게 관전의 즐거움을 주지 않기 위해 자제해야 하는 것은 극기 훈련이다.

여성이 발언권을 유지하려면 말만 잘하는 것으로

되지 않는다. 일을 잘 해내야 하고, 누구를 돋보이게 하기 위해 겸양을 떨면 안 된다. 자기를 내세우거나 자랑하지 않는 태도로 남에게 양보하거나 사양하는 것이 미덕이라 하지만, 여성이 그랬다간 순식간에 공을 빼앗겨 다른 사람을 돋보이게 하는 제물이 되기 십상이다. 책임 소재를 확실히 하지 않고 얼렁뚱땅 회의를 정리하려고 든다면, 악착같이 누구의 책임인지를 물어 기록에 남겨야 한다. 그러지 않으면 그 모호한 책임이 의사 결정 구조에 참여하지도 못한 여성에게 은근슬쩍 돌아가기 일쑤다.

어떤 발언이 효과를 내느냐는 '누가' '어떤 조건에서' 하느냐에 따라 달라진다. 여성은 발화에 대한 상호 인정에서 '여자'라는 한 꺼풀이 덧씌워져 있음을 늘 각오하고 말해야 한다. 나의 발화, 소리 내어 말하는 것 자체가 용기이다. 문제는 거기서 끝나지 않는다. 나의 발화가 효과를 발휘해야 한다. 언어철학자 오스틴은 발화가 의도된 효과를 이루는 것은 발화에 참여한 이들의 상호 승인이라 했다. 그런데 내가 공개적인 회의장에 앉아 있더라도 실제로는 눈에 보이지 않는 권위나 승인 등의 비대칭성과 불균형이 엄연히 작동하고 있다. 내가 말하는 젠더 불평등이라는 맥락과 그에 대한 이해가 결

—

여된 사람과의 회의는 협업이 되지 못하고 관습적 규칙을 따라간다. 자기 과시만 늘어놓거나 준비가 덜 된 채로 발언하는 사람이 남성이라고 해서 '남자는 안 돼'라고 하지 않지만, 여성이 그럴 때는 '그럼 그렇지'라고 한다. 발언대가 당연히 자기 몫인 줄 아는 사람과 양보를 미덕으로 배워 온 사람 사이에는 엄청난 강이 흐르고 있다. "우리 회의는 남녀 동수네요, 허허……. 아주 뛰어납니다, 젠더 균형이…… 허허……."

이런 말이 나올 때 덩달아 웃을 수가 없다. 같이 웃을 수 없으면 농담이 아니다. 소수자로서 여성 몫을 할당받은 내가 태만해질 때마다 '권력을 넘겨주고 있다'는 걸 자각하고 긴장해야 한다. 나는 여성이라는 집단에 '내던져진' 상태로 회의실에 들어간다. 상투적 스테레오 타입에 맞춰 재단당하는 데서 홈그라운드가 아닌 머나먼 원정 경기다.

그럼 나는 규정당하기만 하나? 아니, 그렇지 않다. 나는 관계를 재규정하는 작업을 적극적으로 펼칠 수 있다. 그러하기에 여성이라고 해서 마냥 같은 범주가 아니라는 것을 늘 각성해야 한다. 성별과는 다른 범주가 무수하며, 자신이 속한 범주에서조차 사람들의 의견과 다른 의견을 가질 수 있다. 그래서 정치적 의사를 고정된 정체성에 결부시켜 고착화해서는 안 된다. 여러 처

—

지의 사람들 요구를 드러낼 수 있어야 하고 이해할 수 있어야 한다. 조직 구성이 쉽고 활발하게 활동하여 영향력이 있는 사람의 이야기는 자료도 많고 잘 청취된다. 반면 취약해서 조직되기 힘들고 활동도 눈에 잘 띄지 않는 사람들 이야기는 안건에도 오르지 못할 때가 많다. 그런 문제점을 끄집어내는 것이 회의의 포괄성과 책임성, 감응성을 만들어 낸다.

결정과 집행이 분리된 위계적 사회에서, 다수는 집행을 맡고 소수는 결정과 지휘를 맡는다. '생각과 판단은 내가 한다. 당신(들)은 하라는 대로 하기만 하면 돼!' 그야말로 한쪽이 '하하하'를 독점할 때 그 상대편은 시키는 대로 해야만 하는 무력감을 느낀다. 대부분 조직의 주변부인 여성은 '회의'를 경험하지 못한다. 주변부가 밝힐 수 있는 의견은 설문조사에 응하거나 자물쇠 채워진 고충 처리함에 쪽지를 넣거나 게시판에 익명의 제보를 하는 것뿐이다.

언제나 지배자보다 지배받는 사람의 수가 압도적으로 많았다. 소수가 다수를 지배하는 일이 어떻게 가능할까? 자신들이 무력한 존재라는 광범위한 믿음이 얼음 효과를 일으키기 때문이다. 불의한 권력보다 더 나쁜 건 무력함이라 했다. 무력한 다수의 침묵은 동조

—

를 의미하게 되고, 그럼으로써 권력은 더 오만무도해진다. 그렇게 더 세지고 더 강해진 권력은 약함을 불의보다 더 나쁜 것으로 취급한다. 권력은 우리 사이에 존재하는 힘이다. 권력 행사자가 자기 의도를 전달하고 상대방이 이를 묵인하는 관계 속에서 권력이 생겨난다. 우리가 '말하는' 권력이 되면, 불의한 권력이 듣는 쪽이 되는 전복이 일어날 수 있다.

말하기의 방식은 아주 다양하나, 공적인 회의에 참여하여 의견을 관철하는 힘은 우리의 주장을 제도화하는 데 결정적으로 중요하다. 회의장은 타인과 연결되는 곳이고, 기본적인 정의와 인권에 대한 요구를 확인하는 곳이다. 우리 삶에 무엇이 중요한지를 밝히는 장이자, 자신이 의미 있는 존재라고 느낄 수 있는 장이다. 이것은 현재 대다수에게, 특히 여성에게 충족되지 못하고 있는 장소다.

회의장에서 권력자들은 무엇이 시장 상품이고 무엇이 기본적 인권인지를 결정한다. 무엇을 여성의 무급 노동에 전가하고 어떤 노동에 대해 값을 치를지를 결정한다. 무엇이 여성에 대한 혐오와 폭력인지를 정의하고 가해자를 어떤 수위로 단죄할지를 결정한다. 지금의 각 분야 결정권자들을 보면, 여성은커녕 여성을 대변할 가능성이 있는 사람조차 희귀하다. 육아든 살림이든, 임

—

금노동이든 돌봄노동이든, 주거 문제든 교육 문제든, 그런 문제를 겪고 있는 장본인이자 문제의 일부가 되어 버린 여성을 포함하지 않은 논의가 무슨 마땅한 대책을 내놓을 수 있을까?

회의에 참여하고 의견을 밝힐 기회는 우리 중 아주 소수의 능력자에게 일임된 것이 아니라 정당성의 힘으로 밀어주고 또한 견제하는 것이어야 한다. 회의장은 거물급이, 혹은 오피니언 리더들이 쥐락펴락하는 곳이 아니다. 유명 인사들과 정치인, 공무원만 공적 삶을 향유하는 게 아니라 모든 여성이 공적 삶을 지녀야만 한다. 위(대통령, 최고경영자, 회장 등)를 향해 비판하는 것만으로는 만족할 수 없다. 회의장을 박차고 들어가 말해야 한다. 다양한 방식으로 말을 하고 그 말이 들리게 하는 것, 그것이 공적 삶의 시작이다.

우리는 단순한 관찰자, 소비자, 투덜거리는 사람, 평론가가 아니라 적극적으로 판단하고 개입하고 행동하는 존재이다. 에리히 프롬은 "나는 (효과를) 초래한다, 고로 존재한다(I am, because I effect)"라고 말했다. 여성은 여성 자신의 삶에, 그리고 세계에 영향을 끼쳐 왔다. 고로 언제나 존재해 왔다.

말하는 것의 중요성을 일찍이 알고 모든 사회를 회

—

의장으로 만들어 온 것이 여성운동의 역사이다. 여성참 정권운동가 중에 노동계급 출신이었던 모자 제조공 해나 미첼이 있다. 미첼은 노동운동에서 시작해 여성참정 권운동에 이르게 됐는데, 그 이유를 이렇게 말했다. "우리가 투표권을 가지고 있지 못하면, 겨우겨우 먹고살기 위해서 할 수밖에 없는 힘들고 고된 일을 하는 삶이 어떤 것인지 아무도 관심을 갖지 않을 것이다." 미첼에게 투표권은 '말할 권리'이고, 경제 부정의도 성적 불평등도 말에서 시작된다는 걸 뜻한다.

투표권에 머물지 않고 계속 말해 온 여성이 원하는 것은 의사 결정 권력이다. 단순히 배분의 몫을 늘려 달라는 요구를 하고 있는 게 아니라, 배분 자체를 결정하는 권력을 원한다는 것이다. 성차를 차별로 해석해 온 틀을 바꾸는 힘, 여성을 의사 결정 과정에서 배제하고 여성의 중요한 문제들을 비정치적인 영역으로 다뤄 온 가치와 규범에 개입할 힘을 원한다. 회의장은 그 힘을 드러내고 행사하는 장이다. 회의장에서 여성의 말하기는 지금까지의 사회적 관계를 비판적으로 바라보게 하고 편견과 차별로부터 더 자유롭게 할 것을 목적으로 한다.

여성이 목소리를 낼 장소가 생겨야 다른 장소들에 대한 권리도 생긴다. 알다시피 가난할수록 돈이 더 많

—

이 든다. 그러니까 여성은 돈이 더 많이 든다. 특히 주거가 그렇다. 이른바 정상가족 위주로 지원이 된다. 누구의 아내 또는 누구의 엄마가 아닌 여성은 배제된다는 얘기다. 청춘을 보조하기는 한다. 문제는 그 청춘이 남성으로 수렴된다는 것이다. 여성은 돈이 없으면서도 깔끔하고, 돈이 없으면서도 정신과 감정이 풍부하고, 돈이 없으면서도 살림을 잘해낼 것을 요구받는다. 우린 그런 기적을 바라지 않고 여성이 사람답게 살 수 있는 기본권이라는 상식을 바란다. 그런 상식을 논해야 할 회의장과 토론장이 많아져야 하고, 여성은 거기서 말할 수 있고 진지하게 청취돼야 한다.

여행하는 페미니스트, 글로리아 스타이넘은 자서전 『길 위의 인생』에서 미국 원주민의 회의 모델을 소개한다. 이 모델에 따르면, 인간 조직의 패러다임은 피라미드나 계급제가 아니라 원(circle)이며, 서열화(ranked) 대신 연결된(linked) 것이었다. 스타이넘은 그것이 다시 존재할 수 있다고 봤다. 미국의 헌법 제정 회의가 그 원주민 회의 모델을 차용했다는 사실도 소개한다. 그와 관련된 일화가 흥미롭다. 미국독립선언서 작성자인 벤저민 프랭클린은 이로쿼이 연맹의 남성 두 명을 필라델피아 헌법 제정 회의에 조언자로 초대했다.

———

아메리카 원주민 그룹의 평등한 법을 참고하기 위해서였다. 하지만 회의장에 도착한 원주민이 던졌던 첫 질문은 다음과 같았다.

"여성들은 어디에 있죠?"

에필로그

여기, 당신의 장소가 있다

'내가 이곳에 다시 와 볼 수 있을까?'

좋은 곳에서 좋은 것을 보고 경험할 때, 나도 모르게 탄식인지 아쉬움인지 모를 한숨을 뱉곤 한다. 그 순간 그 자체를 충만하게 느끼는 것만으로도 모자랄 텐데, 그런 미련을 남기는 것이 미련하다고 여기면서도 말이다.

운이 좋아 같은 곳에 또 가 보게 된 일도 있지만, 그때엔 내가 달라졌거나 그곳이 달라져 있었다. 그것은 같은 장소에서의 또 다른 경험이 아니라, 또 다른 나의 '첫' 경험이었다. 모든 장소에는 그렇게 자신의 '첫'이 담기는 것 같다.

'이곳이 정말 싫어. 벗어나고 싶어.'

다시 들르고 싶지 않아도 늘 다녀야 하고 머무르게 되는 게 일상의 장소다. 자신의 '첫'을 빚어 보기도 전에 뭉개진 경험이 많은 곳이다. 나에게 자리를 내줄 여지

—

를 보이지 않는 곳, 비집고 들어갔지만 어정쩡하게 서 있지도 앉지도 못하는 곳, 나를 계속 툭툭 치고 지나가면서도 미안해하거나 개의치 않는 곳……. 그런 곳들에서 눈치를 익히고 체념을 배우고 원만하게 녹아들어 가며 살아간다. 아니, 그걸 '살아간다'라고 말하는 게 억울하고 화날 때가 많다.

살아간다는 건 뭔가 '당하는' 게 아니라 '해내는' 것이어야 하는 게 아닐까?

살아가는 게 당하는 게 아니라면? 그게 도무지 싫다면? 눈치를 익히고 체념을 배우고 원만하게 녹아들어 가는 대신, 눈치를 보게 만들고 기대를 바꾸고 무서울 만치 섬세하게 해체해야 하지 않을까? 눈치를 보는 쪽과 보게 만드는 쪽, 체념과 기대, 원만함과 불화는 따로 노는 게 아니라, 같은 장소를 긴장 속에 공유하며 서로를 구성한다.

장소의 주인은 원래 정해져 있는 게 아닐뿐더러 주인이 정해져 있는 것 자체가 이상한 것이다. 규칙은 그대로 두고 주인만 바꾸는 게 능사가 아니다. 장소의 소유가 중요한 게 아니라, 어떤 질서 속에서 장소를 공유하느냐가 중요하다.

———

'여자들은 다른 장소를 살아간다.'

　이 제목의 '여자들'은 누구일까? 원래 그렇고 그런 '여자들'이 정해져 있는 것이 아니다. 특정 장소의 역할과 제한 속에서 구석에 머물게끔 강요받아 온 존재가 '여자들'이다. 여자'들'이기에 여자는 서로 아주 다르다. 여자로 구별되지 않더라도 여자 취급을 받는 '여자 아닌 여자들'도 있다. 주변부, 불리한 이들, 소수자이자 약자라고 불리는 사람들이 '여자들'이다. 이런 여자들은 장소의 구성과 기능에 필수적인 역할을 하고 있지만 유령으로 혹은 장소의 천덕꾸러기로 취급된다. 간혹 두드러지게 눈에 띄게 되면, 제자리를 벗어난 불순물 취급을 받는다.

　같은 장소에서 '다른' 취급을 받는 것을 참을 수 없는 여자들이 팔 걷어붙이고 자리를 정돈하기 시작한다. 지정석인 양 거드름 피우고 있는 자에게 "여긴 지정석이 없는 곳이니 비키라"고 소리친다. 쭈뼛거리는 이에게는 "여기, 당신 자리가 있다"고 소리쳐 부르고 당겨와 앉힌다. 이른바 '장소 투쟁'의 역사가 그런 식으로 이뤄져 왔다. 장소 투쟁으로 바뀐 장소는 이제 그 전과는 '다른' 장소가 된다. 소통과 인정의 방식이 달라졌기 때문이다.

정말 싫은 곳이 그 싫음과의 투쟁 속에서 자신의 '첫' 경험이 되는 다른 장소로 태어나는 것, 그런 장소 투쟁의 중심에 '여성들'이 있음을 강조하고 싶었다. 지정석과 앞줄에 앉는 것에 익숙한 자들은 결코 모르는 장소들을 구석구석 꿰고 전방위에서 볼 줄 아는 힘이 숱한 장소에서 구박데기 취급을 받았던 '여성들'에게 있기 때문이다. 장소는 돈 주고 사는 것도 아니고, 힘으로 뺏을 수 있는 것도 아니다. 장소는 심고 가꾸는 이들의 행위 속에서 출현한다.

이 책을 쓰기 시작할 무렵, 십 년 만에 책상을 바꿨다. 바꾸고 싶어서가 아니라 무거운 걸 잔뜩 얹은 채 억지로 밀다가 책상 다리가 부러져서였다. 다른 책상에 적응하는 데는 꽤 시일이 걸렸다. 사소한 것에서도 변화는 힘든 일이다. 그러니 강제적 변화가 아니라 스스로 만드는 변화는 오죽할까. 이 책에서 언급한 장소들을 기억하고 더듬으면서 몸과 마음의 통증이 되살아나기도 했고, 숱한 '첫' 경험이 힘을 주기도 했다.

처음으로 '아니'라고 반대 의견을 냈던 경험, 당연해하는 상대방에게 처음으로 '하고 싶지 않다'고 면박을 줬던 경험, 처음으로 '해보자'고 권했던 경험, 그런

'첫'을 가진 장소들이 탄생하고 확장되는 경험을, 장소를 꿈꾸고 가꾸는 여자들의 손과 함께하고 싶다.

＊   에필로그에 쓰인 '첫'이라는 표현은 김혜순 시인의 시집 『당신의 첫』 표제작 「첫」에서 따온 것이다.

———

페미니즘프레임

01   장소

여자들은 다른 장소를 살아간다

2019년 9월 30일 처음 찍음 | 2022년 7월 20일 세 번 찍음

지은이	류은숙
펴낸곳	도서출판 낮은산
펴낸이	정광호
편집	강설애
제작	정호영
출판 등록	2000년 7월 19일 제10-2015호
주소	04048 서울시 마포구 어울마당로5길 16 반석빌딩 3층
전화	02-335-7365(편집), 02-335-7362(영업)
팩스	02-335-7380
이메일	littlemt2001ch@gmail.com
제작	상지사 P&B

ⓒ 류은숙 2019

ISBN 979-11-5525-117-1 03300

이 도서의 국립중앙도서관 출판예정도서목록(CIP)은 서지정보유통지원시스템 홈페이지(http://seoji.nl.go.kr)와 국가자료공동목록시스템(http://www.nl.go.kr/kolisnet)에서 이용하실 수 있습니다. (CIP제어번호 : CIP2019030675)